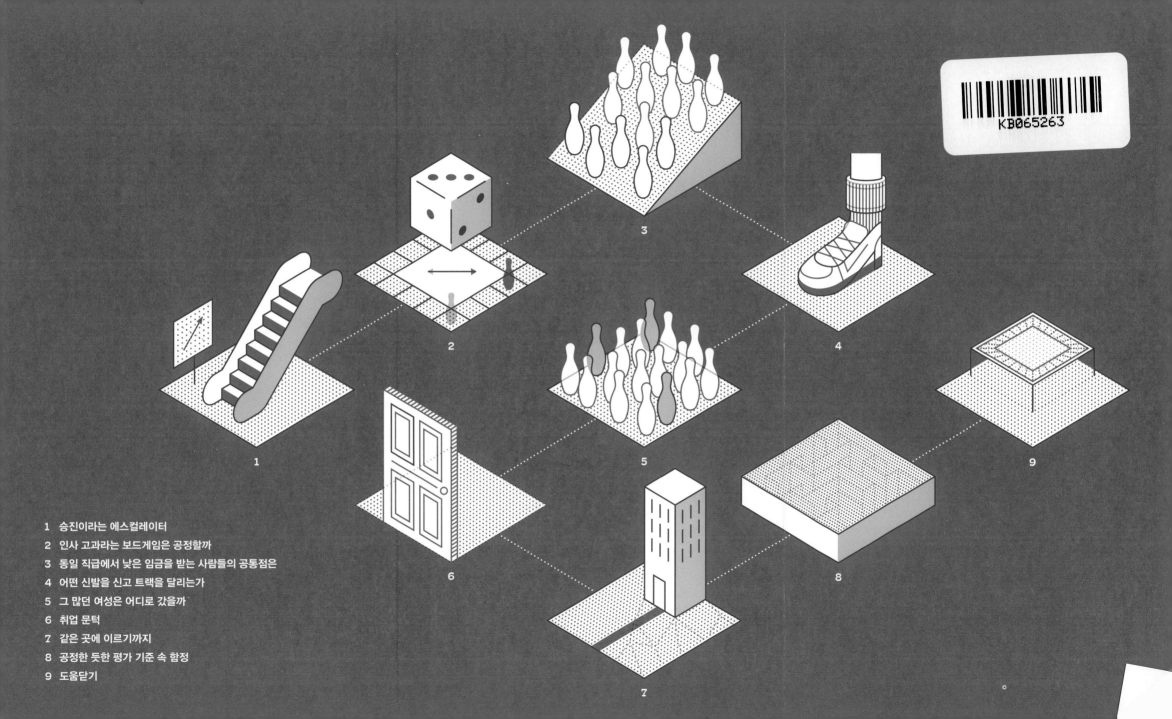

1 승진이라는 에스컬레이터
2 인사 고과라는 보드게임은 공정할까
3 동일 직급에서 낮은 임금을 받는 사람들의 공통점은
4 어떤 신발을 신고 트랙을 달리는가
5 그 많던 여성은 어디로 갔을까
6 취업 문턱
7 같은 곳에 이르기까지
8 공정한 듯한 평가 기준 속 함정
9 도움닫기

잃어버린 임금을 찾아서

이민경

봄알람

차례

시작   5

1 승진: 멈춰 있는 에스컬레이터   13
2 고과: '처음으로 돌아가시오'와 '세 칸 앞으로'   33
3 동일 직급: 기울어진 바닥   57
4 여건: 하이힐과 모래주머니   75
5 고용 안정성: 사라지는 여성들   87
6 취업   95
7 진로 선택   105
8 성취도 평가   121
9 자원   125

끝–혹은 시작   135

주   144
후기   150

시작

한국에서 여성이 더 받았어야 하는
임금의 액수를 구하시오.

수학과 담을 쌓은 이가 많다는 걸 알지만 이 문제를 반드시
풀어야 한다는 가정을 해보자. 막막하게 느껴진다면
지극히 정상적인 반응이니 걱정하지 않아도 된다.
여성의 직종도, 직장도, 직급도 나와 있지 않은, 문제를
풀기에 턱없이 불충분한 질문이기 때문이다. 그런 데다
'더' 받았어야 한다는 비교 대상이 무엇인지도 명시되지
않았다. 누구보다 더 받아야 한다는 걸까? 어떤 여성의
직장 내 동일 직급의 남성보다? 어떤 여성이 자기가 원래
받았어야 한다고 여기는 임금보다? 아니면 같은 시점에
입사한 남성보다?
 아리송한 가운데 추측해보기로 한다. 어쩌면
문제에서 말한 여성이란 한 명의 여성이 아니라 한국에서
임금을 받는 여성 전체를 의미한 것일지도 모른다. 만일
그렇다면, 뉴스나 인터넷에서 접한 성별임금격차라는
개념을 떠올릴 수 있다. 검색해보니 2016년 기준, 한국
여성이 남성에 비해 약 36.7퍼센트 적은 임금을 받는다는
OECD 회원국 조사 결과가 줄줄이 나온다. 그렇다면
이때의 남성과 여성은 누굴 말하는 것인가? 한 직장에

동시에 입사한 남성과 여성인가? 한국의 여성 전체와 남성 전체인가? 정확히 모르겠다면 좀 더 검색해본다.

OECD의 정의에 따르면, 성별임금격차란 전일제 근로자 및 자영업자인 여성과 남성의 임금의 중위값 차이를 지수화한 수치다.[1] 다시 말하자면, 한국에서 전일제 근로자와 자영업자로 일하는 모든 여성과 남성의 임금을 각각 일렬로 세웠을 때 중간에 위치한 두 값 사이에 36.7퍼센트의 차이가 났다는 것이다.

성별임금격차?

성별임금격차라는 말을 보면 무엇이 떠오르는가? 내게 이 말이 불러내는 단상은 다채롭다. '한국' '성별임금격차' 'OECD' '최악'이라는 네 단어를 다양하게 조합한 수많은 버전의 기사 헤드라인을 비롯해서 웹툰 작가들의 성별임금격차를 다루었던 신문 기사, 남성과 여성의 시급이 다르게 매겨져서 온라인상에 올라왔던 아르바이트 모집 공고, 최종 면접에 합격해 아나운서가 되었는데 입사 동기 중 여성은 전부 비정규직으로, 남성은 모두 정규직으로 계약했다던 친구 소식, 58년간 결혼한 여성 직원에게 퇴사를 강요해서 논란이 되었던 주류 기업,[2] 오래도록 여초 학과였지만 개교 이래 여자 교수가 한 명도

없는 모교의 불어불문학과, 기업 채용에서 노골적으로
남성을 선호한다며 절망하던 취업 준비생 친구와의
통화, 취업에는 성공했는데 막상 승진이 녹록지 않다는
직장인 친구들의 한탄, 1987년 제정된 남녀고용평등법,
여성임원할당제, 유리천장, 경력 단절과 같이 요즘
들어 자주 보이는 개념어까지……. 보고 들은 이야기가
뒤죽박죽으로 떠오른다.

그런데 이렇게 떠오른 이야기들을 가지고
문제에 어떻게 접근할지를 고민하다가 더 많은 정보를
얻기 위해 검색을 거듭하면, 놀라운 사실을 접하게 된다.
OECD 회원국의 성별임금격차를 다룬 기사만큼이나
'성별임금격차란 없다'는 주장이 즐비한 것이다.

한국의 포털 사이트에서는 물론이고, 유튜브에
'gender wage gap(성별임금격차)'을 검색하면
myth(신화), debunked(틀렸음이 드러나다)와 같은
연관 검색어가 가장 먼저 나오는 걸 보면 전 세계적으로
통용되는 주장인 듯싶다. 한국에서 남성이 여성보다
평균적으로 더 많은 돈을 받는다는 것은 주지의
사실이기에, 의아하지 않을 수 없다. 한국 상위 100대
기업에서 1인이 받는 평균 연봉은 남성은 7742만
원, 여성은 4805만 원으로 분명 성별에 따라 차이가
발생했다.[3] 심지어 한국이 OECD 회원국 중 언제나
1등(예컨대, 성별임금격차) 혹은 꼴찌(예컨대, 성평등
수준)를 차지하는 나라여서 그렇지, 남성이 여성보다 더

많은 임금을 받는 현상은 OECD 회원국 모두에서 예외 없이 나타난다. 그렇다면 통계로 명백히 존재하는 현상을 두고 허구라고 말하는 일은 어째서 생겨날까? 주된 근거를 간단히 요약해보면 대체로 다음과 같았다.

- ⑦ 여성에게는 승진할 만한 능력이 없다.
- ⑦ 여성은 출산과 육아 때문에 일을 쉬는 기간이 생긴다.
- ⑦ 고임금으로 분류되는 직종을 여성이 선호하지 않는다.

성별임금격차는 존재한다. 그러니 '성별임금격차 같은 건 없다'는 문장은 틀렸다. 격차가 없다고 외치는 이들이 사실상 말하고자 하는 바는 남성이 여성보다 더 많은 소득을 얻지 않는다는 게 아니라, 소득이 차이 나는 이유를 성차별로 해석할 수 없다는 것이다. 성별임금격차라는 개념을 OECD가 정의한 '성별로 임금을 구분했을 때 드러나는 두 집단 간 격차'가 아닌 '성별을 이유로 임금이 다르게 주어지는 현상'으로 해석한다면, 성별임금격차라는 단어 자체에 분개하면서 위의 세 가지 근거를 들 수도 있다. 그들이 보기에 여성과 남성은 그럴 이유가 있어서 다른 임금을 받는 것이며, 여기에 성차별은 없다. 그렇다면 '성별임금격차는 없다'는 말도 그저 용어를 다르게 해석하는 과정에서 발생한 잠깐의 해프닝이려니

시작

하고 흘려버리면 될까?

물론 아니다. 오히려 여기에 집중해야 한다.
어떤 이들이 존재하지 않는다고 격하게 주장하는, '성별을
이유로 임금이 다르게 주어지는 현상'이라는 말이야말로
성별임금격차라는 지표로 다 담지 못하는 현실을 보다
폭넓게 반영하기 때문이다. 그러니 이것을 부정하는
이들의 주장에 가까워질수록 밑도 끝도 없이 던져진
처음의 질문에 대한 답을 구해낼 공산도 커진다.

한국에서 여성이 더 받았어야 하는 임금의
액수를 구하시오.

이쯤이면 많은 독자가 눈치 챘을 것이다. 이 문제는
한국에서 임금노동을 하는 여성이 마땅히 받아야
했으나 주어지지 않고 어디론가 사라져버린, 편의상
분실임금이라고 부를 돈의 액수를 구하려는 시도다.
그리고 역시 많은 독자가 이미 이해하고 있을 텐데,
이 질문은 '성별을 이유로 임금이 달라지는 현상'이
실재한다는 문제의식 위에서만 성립할 수 있다.

성별로 인해 임금이 달라지는 일은 있다. 더
분명히 말하면, 삶의 갖가지 국면에 숨어든 성차별이
여성의 경제력을 전 생애에 걸쳐 뭉텅뭉텅 덜어내고
야금야금 깎아낸다. 물론 임금소득이 지구상의 부에서
차지하는 비중은 일부에 지나지 않는다. 오히려

상위계층으로 갈수록 노동보다도 자본 자체에서 얻어지는 소득의 비중이 더 커지기까지 한다. 예를 들어, 한국 사회의 부에서 상속재산이 차지하는 비중은 2015년 기준 무려 42퍼센트나 된다.[4] 이렇듯 부를 축적하고 재분배하는 경로는 다양하다. 그리고, 성차별은 그 모든 경로에 영향을 준다. 그러나 이 책에서는 그중 임금소득이라는 하나의 경로만을 택해서 돈이라는 민감한 문제가 못지않게 민감한 성차별이라는 문제와 어떻게 얽혀 있는지를 살펴볼 것이다.

　　　그렇게 결정한 첫 번째 이유는 우선 임금소득이 아우를 수 있는 폭이 보다 넓기 때문이다. 임금 차별은 반드시 일반 기업에 입사해보아야만 겪는 문제가 아니다. 일의 종류와 고용 형태와는 관계없이 한 번이라도 일을 해서 돈을 벌어보았거나 그럴 예정이라면 누구도 자유로울 수 없는 문제다. 오히려 내 직장에만은 성별에 따른 임금 차별이 존재하지 않는다고 생각할수록 무언가 놓치고 있을 확률이 높다. 성차별주의는 사회의 일부에서 때때로 발생하는 현상이 아니라 사회가 뿌리박은 토양이다. 사회의 일부분인 직장이 여기서 외따로 존재할 확률은 아쉽게도 아직 없다. 두 번째 이유는, 임금소득은 생계 수단으로서의 의미가 강하기 때문이다. 일해서 버는 것 외에 다른 소득을 기대할 수 없는 이에게일수록 더욱 그렇다. 이때의 돈이란 각자가 삶에서 선택적으로 추구하거나 추구하지 않을 수 있는 가치가 아니며 생존

시작

그 자체를 좌우한다. 임금소득은 대다수의 삶 자체에
직결되고, 그중 대다수의 삶에 절대적인 영향력을
행사하는 요인이다.

그러니 이 글을 읽는 모두에게 문제를
풀어나가는 과정에 함께하기를 권한다. 또 아는가, 길을
잃은 임금이 모여드는 곳에 다다른다면 언젠가 모르는
사이 헤어져야 했던 당신의 임금과도 만나게 될지.

잃어버린 임금을 찾으려면 약간의 상상력이 필요하다. 우선은 가상의 직장을 하나 떠올리고, 그 꼭대기에서 시작해보자. 방법은 소지품을 잃어버렸을 때와 다르지 않다. 당장 떠오르는 장소로 가보고, 머물렀던 곳을 다시 찾고, 그러다 운이 좋으면 한 번도 의심하지 않은 곳에서 찾던 것을 맞닥뜨리기도 하는 것이다.

　　이 같은 방법으로 지금부터 어디서 얼마나 잃었는지 모를 우리의 분실임금을 찾아 다양한 상황을 훑어볼 것이다. 만일 임금 차별이라는 문제가 너무 막연하다면, 곁에 연필을 한 자루 두고 이제부터 마주칠 상황에 자신이 해당될 때마다 조금씩 깎아내는 것으로 실체를 느껴보는 것도 좋겠다.

1
승진
멈춰 있는 에스컬레이터

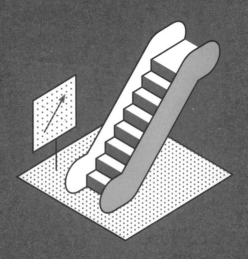

이 가상의 직장에선 높이에 따라 임금이 달라진다. 승진
구간에 안착하는 데 성공하면 에스컬레이터를 타고
쭉 올라갈 수 있다. 원래 여성은 벽을 타고 올라가야
했는데 최근 들어 여성도 에스컬레이터를 이용할 수 있게
되었다는 풍문이 들려온다. 그런데, 에스컬레이터 앞에
선 여성마다 공교롭게도 내 차례에 에스컬레이터가 점검
중이더라는 경험담을 남긴다.

최고위직에 오른 여성은 대개 실력으로나 노력으로나 도무지 흠잡을 데가 없다. 실력이 있고 노력하는 이에게 높은 직책이 주어지는 건 능력주의를 표방하는 사회에서 바람직한 일이다. 이걸 이상하게 여겨선 안 된다. 누가 뭐랬는가. 다만 고위급에서 특히 두드러지게 나타나는 다음의 두 현상이 이상하다는 것뿐이다.

⑦   같은 직급의 여성과 남성을 비교할 때, 여성의 실력과 노력이 남성을 평균적으로 능가한다.

⑦   그런데 해당 직급에서 여성의 수가 남성보다 압도적으로 적다.

더 고위직으로 갈수록 두 현상이 더욱 두드러진다는 점까지 발견하면 이상하다는 느낌을 도무지 떨칠 수 없다. 우연의 일치일 수도 있다. 그러나 어느 직군 어느 직장으로 시선을 옮기든 같은 결과가 나온다면 어떨까? 이건 분명 우연은 아니다. 동전을 던지는데 연신 앞면만 나올 때와 같은 이 의아함을 믿어도 좋다. 사실, 빵을 떨어뜨렸을 때 잼을 바른 쪽이 바닥을 향하는 것과 같다고 하는 편이 더 적절하겠지만.

두 현상을 한 문장으로 말한다면 다음과 같다. '고위직 여성은 그와 동일한 직급에 있는 남성을 실력과 노력 면에서 능가하는데, 막상 그 수는 **훨씬** 적다.' 처음 듣는 이야기인가? 일은 여자 직원이 더 잘하는데 승진은 남자 직원이 한다는 불평이나, 여자는 완벽하지 않으면 승진할 수 없다는 한탄을 들은 적이 없는지 기억을 더듬어보라. 그래도 없다면 다음 예시를 보자.

전주우체국에서 121년 만에 최초로 탄생한 여성 우체국장인 박찬례 국장은 직무 관련 규정집을 섭렵하고, 재직 중에 업무를 소화하면서 방송통신대학교에 진학했으며 전북대 경영대학원을 졸업했다. 그는 직무교육에서 항상 1등을 하고 평가에서 최우수를 차지했다. 최초 여성 계장, 최초 여성 사무관, 최초 여성 서기관을 거쳐 최초의 여성 우체국장이 된 박 국장은 우체국 고유 업무 외에도 유관기관과 적극적인 업무 협력을 추진해 지역 경제 활성화를 위해 앞장섰다는 평가를 받은 바 있다.[1]

스타벅스 코리아 음료 개발팀의 최초 여성 팀장인 박현숙 팀장 이야기도 있다. 스타벅스 코리아가 출범할 때 공채 1기로 선발된 박 팀장이 개발에 참여한 슈크림 라떼는 22일 만에 100만 잔이 팔렸다. 스타벅스 코리아 사상 가장 짧은 시간에 58억 원의 매출을 올린 것이다. 집에서 아이에게 만들어주던 음료에서 착안해 개발한 망고 바나나 블렌디드는 한 해에 45억 원 매출을 올렸다. 이외에도 그는 레드빈 프라푸치노, 돌체 라떼, 체리블라썸 라떼와 같은 인기 메뉴 개발과 기획에 전부 참여했다.[2]

앞서 이미 확인했듯, 성별임금격차라는

주제를 다루고자 할 때 사람들은 주장하는 바에 따라 동일한 지표로부터 전혀 다른 것을 읽어내게 된다. 따라서 '성별임금격차는 없다', 다시 말해 성별을 이유로 임금이 다르게 주어지는 일이 존재하지 않는다고 믿는 이들에게는 이 사례들 역시 성차별의 종식을 의미하는 훌륭한 증거가 될 것이다. 그들은 아마 이렇게 말할 것이다. 거 봐라, 저들은 능력이 있으니 당당히 성공했다. 고위직에 여성이 적은 이유는 단지 그럴 만한 능력을 갖춘 여성의 수가 부족하기 때문이다. 이제 누구나 열심히 하기만 하면 보상받을 수 있는 시대다. 성차별을 핑계 대는 일은 그만두고 실력을 키워라. 유리천장은 깨졌다!

유리천장에 대한 오해들

실제로 요즘 들어 '유리천장'과 '깨졌다' 두 단어가 나란히 쓰인 기사가 자주 눈에 띈다. 새롭게 집권한 문재인 정부가 '여성 장관 30퍼센트 공약'을 내걸고 이를 이행하기 위하여 전보다 많은 여성을 장관직에 발탁했기 때문일 것이다. 유리천장이 깨졌다, 유리천장 깬다, 유리천장 깨져, 유리천장 깨길, 유리천장 깨다, 유리천장 깨지는 중, 여성이여 유리천장을 깨부숴라, 유리천장 깨지나? 등등. 기사를 검색해보노라면 한국어 어미 변화의

다채로움을 실감할 수 있다. 기사뿐 아니라 유리천장은
최근 한 대중가요 가사에도 언급된 적이 있다. "널 가두는
유리천장 따윈 부숴." 작사자는 '유리? 깨면 되겠네!'라고
생각한 것 같지만, 사실 유리천장은 여성의 승진을
가로막는 장애물이 유리처럼 투명해서 마치 존재하지
않는 듯, 보이지 않게 놓였다는 뜻에서 붙은 이름이지
연약한 장애물이라는 의미가 아니다.

　　　'유리천장'이란 것에 대한 오해는 이뿐만이
아니다. 어떤 업계에서든 최초라는 타이틀을 단 여성이
등장했다 하면 유리천장을 깼다는 말이 따라오는 것으로
짐작해보건대 유리천장은 각 장소마다 딱 하나씩
존재하는, 말 그대로의 천장처럼 여겨지는 것 같다. 이
이미지대로라면 한 직장의 모든 여성을 가두고 있던 단
하나의 유리천장은 고위직 여성이 한 명이라도 생긴 뒤엔
사라진다. 최초의 여성이 그 천장을 깨버렸거나, 혹은
그의 존재가 천장이 깨졌다는 증거이거나 둘 중 하나이기
때문이다. 하지만 비유는 우리의 이해를 돕기도 하지만
터무니없는 곡해를 낳기도 하는 듯하다. 안타깝게도
한 명의 여성으로 인하여 한 직장 혹은 전체 직군의
유리천장이 산산이 부서지는 일은 생기지 않는다. 승진을
할 때 실제 사무실 천장을 뚫고 위층으로 올라가는 일이
좀체 일어나지 않는 것처럼, 비유는 비유일 뿐이다.
무엇보다, 각자의 머리 위에는 각자의 천장이 있다.

　　　물론 높은 자리에 올라간 여성의 존재는 다른

여성에게 힘이 된다. 여성이 높은 자리에 올라 멋지게
활동하는 모습은 다른 이들에게 롤 모델이 될 수도 있다.
그렇지만 이것이 성차별이 사라졌다는 증거는 될 수 없다.
또한 이들의 존재를, 어디에나 예외가 있듯 성차별적
현실에도 존재하는 단순한 예외로 보아서도 안 된다.
오히려 그들은 직장 내 성차별의 생생한 증언자일 수 있다.
이들의 경험에서 이전까지는 남성들로만 이루어졌던
자리에 진입하기 위해 기울여야 했던 추가적인 노력,
입증해야 했던 추가적인 성과, 직면해야 했던 추가적인
부당함을 읽어내야 한다.

여성의 승진

여성의 승진은 더 느리고 더 어렵다. 그리고 이 차이는
남성의 군 복무 기간을 경력으로 인정해 승진이 2년
빠르기 때문이라는 말을 종종 듣는다. 그러나 이는 승진
차별에 대한 하나의 설명일 수는 있을지 모르나 결코
충분하지는 않다. 먼저 국가에 대한 군 복무가 직장에서의
경제적 보상으로 인정되는 것이 타당한가의 여부를
떠나, 이와 같은 인정 역시 성별에 따라 선택적으로
주어진다는 사실을 보아야 한다. 과거 6.25 전쟁에
참전했던 여성 군인은 취업시장에서 기피되었기 때문에

경력을 인정받기는커녕 복무 사실을 숨겨야 했다. 그리고 무엇보다, '군 복무 경력 인정'으로 설명되지 않는 승진 격차가 명백히 존재한다. 여성의 진급은 남성에 비해 훨씬 느릴 뿐 아니라 애초에 잘 이루어지지 않는다. 국회 보좌진의 경우 남성은 인턴에서 5급까지 3~4년 안에 진급하고, 여성은 5급까지 10년 이상 걸린다.[3] 현재 군 복무 기간은 약 2년이다. 또한 이 현상은 징병제가 아닌 나라에서도 보편적으로 일어난다. 승진에서 여성이 배제되는 현상은 남군의 복무를 인정하려다 불가피하게 발생해버린 차이로는 결코 설명될 수 없다.

　　　"은행에서 5급 계장이 되려면 남자들은 90퍼센트 안쪽에만 들면 됐는데 여자들은 10퍼센트 안에 들어야 했어요."[4] 고위직에 올라간 여성이 어떤 능력을 갖추어야 했는가는 20년차 차장급 여성의 이 한마디로 적잖이 설명될 것이다. 1990년대 중반까지, 여성이 승진하려면 일단 남성과 같은 트랙에 진입하기 위한 시험부터 합격해야 했던 제도가 엄연히 존재했다. 앞선 예시의 박찬례 국장이 직무 관련 규정집을 익히고 방송통신대학에 등록했던 이유도, 공무원 시험에 합격해 발령을 받고도 남자 직원들과 달리 보조 업무를 할당받았기 때문이다. 신한은행 사상 최초 여성 임원 자리에 오른 신순철 전 부행장 역시 남성 행원과는 달리 보조적인 업무에만 배치되었고, 보조 인력의 지원을 받지 못했고, 같은 업무를 해도 더 적은 급여를 받았기에 더 많은 노력을 해야만 했다.[5] 대졸 전문직 여성으로서 처음 LG전자에 입사했던 설금희 전 LG CNS 상무도 마찬가지다. 그가 입사 후 처음 맡은 업무는 청소였다. 그게 여직원의 몫이었기 때문이다. 결혼하면 퇴직하겠다는 서약서를 써야 했고, 곧 그만둬야 할 위기에 놓였지만 그는 결국 인정을 받았고 정규직이 될 수 있었다.[6]

이들이 노력으로 성취한 인정은 처음부터 정규직인 남성은 애써 얻지 않아도 되었을 무엇이다. 앞서 보았던 스타벅스 음료 개발팀 박현숙 팀장의 상황도 다르지 않다. 다른 팀장들도 물론 유능하겠지만, 박 팀장을 제외하면 모두 남성인 그들이 반드시 박현숙 팀장만큼의 괄목할 성과를 내야만 하지는 않았을 것이다.

불굴의 의지로 싸웠을 이들의 일화에서 '성공'이라는 결말부에만 주목해서는 안 된다. 각자의 탁월함이 여태껏 해당 직위에 오른 모두에게 동일하게 요구되어왔는지, 여성이 그만큼의 실력과 능력으로 무장하지 않고도 고위직으로 승진할 수 있었을지, 그리고 한쪽 성별만이 겪어야 했던 수많은 역경이 '역시 성별 상관없이 열심히 하면 된다'는 태평한 생각들에 힘을 실어주는 장치로 교묘하게 포장되지는 않는지를 읽어내야 한다.

성공한 여성을 다룬 인터뷰들의 마지막은 비슷하게 끝난다. 다른 여성들을 위해 한마디 해달라는

주문에, 저마다 노력하라고, 노력하면 할 수 있다고
말하는 것. '죽도록 노력하면 길이 열린다' '포기하지 말고
사활을 걸어라' 심지어는 '차별을 노력으로 극복하라'.
이렇게 말하는 이유는 다른 여성에게 용기를 불어넣고
싶어서일 것이다. 그리고 그 자신이 실제로 그렇게
살았기 때문일 것이다. 그러나 이렇게 노력을 통한
'성공'을 부각하는 서사에는 함정이 있다. '능력이 있는
여성은 성공한다'고 간추려지는 이 서사는 '그러므로
이제 성차별은 없다'는 주장으로 이어지기 때문이다.
모든 의심과 차별과 검증을 가뿐히 이겨낸 여성의 쾌거가
전해지는 일은 물론 필요하지만, 애초에 그 모든 검증
자체가 불합리했다는 점이 충분히 말해지지 않고 있다.
또한, 차별의 당사자조차 차별이라는 단어를 마치 '절대로
진입할 수 없는 상태'와 혼용하는 문제도 있다. 여성이
배제되었던 자리에 진입하는 데 성공했다면, 이제 차별이
없다고 할 수 있는가? 차별을 딛고 남성보다 훨씬 어렵게
무언가를 이루어낸 당사자가 이제 여성도 할 수 있다고
말하는 순간, 그의 말은 얄궂게도 이제 차별은 없다고
말하는 이들의 믿음과 동일한 효과를 낳기도 한다. 바로
'실력으로 승부하면 된다'는 믿음이다.

　　　　　2017년 기준으로 공무원 중 여성이
44.6퍼센트인데, 1, 2급에 해당하는 여성 고위공무원의
비율은 3.7퍼센트다.[7] 2016년 기준 한국 500대 기업에
여성 임원은 2.7퍼센트에 불과하다. 500개 기업 가운데

여성 임원이 단 한 명도 없는 기업의 수는 336개다.[8] 통계 자료는 숱하게 많은데, 임금이 성별을 이유로 달라지는 게 아니라고 주장하는 이에게 차별의 증거로 이 조사 결과를 제시하면 오히려 '왜겠느냐?'고 되묻는다. 주요 이동통신사인 LG유플러스에서 여성과 남성 임금격차가 한국 평균치와 유사한 36.4퍼센트(금액으로 환산하면 2800만 원)였고, 이동통신사 3사 모두에서 여성의 평균 연봉이 훨씬 더 적었음이 드러났을 때 통신사가 내놓은 답도 비슷했다. "고액 연봉을 받는 임원급 직원이 남성이 더 많을 뿐이지 성별에 따른 임금 차별은 없다"는 것이었다.[9] 실제로 이동통신사에서 여성 임원의 비율은 5퍼센트가 채 되지 않았다.

성차별을 다양한 국면에 작용하는 하나의 축으로 이해하지 않는다면, 이처럼 '여자라서 임금이 적다'는 말과 '여자가 승진을 못 해서 임금이 적다'는 말은 전혀 다르게 취급된다. 이들에게 압도적으로 낮은 고위직 여성의 비율은 여성의 무능력을 뜻하는 지표인 탓이다. 그렇기에 이들은 여성 할당제와 같은 조치야말로 진정 부당한 처사라고 이해한다. 내버려두면 2.7퍼센트의 고위직밖에는 차지할 수 없는 자격 미달인 여성들을 높은 자리에 억지로 앉히는 제도라고 생각하기 때문이다. 그래서 그들은 이렇게 말한다. '우대'받을 생각 말고 '실력'으로 승부해라!

그러나 여성은 처음부터 실력밖에 기댈 데가

없었다. 여태까지 소개한 모든 여성이 성별 때문에 받아야 했던 열악한 취급을 상쇄하고, 앞에 놓인 제재를 노력으로 넘어왔던 것처럼 말이다. 그렇게 노력으로 무언가를 이루어내고 나면 이들에게는 겨우 '웬만한 남자보다 일 잘하는' 같은 수식어가 붙는다. 여기서 문제는 같은 직급의 남성은 절대로 '웬만한 여성을 능가하는 임원'으로 소개되는 일이 없다는 데 있다. '남자도 노력하면 팀장이 될 수 있으니 절대로 포기하지 말라'와 같은 말은 없다. 차별은 딛고 이겨내면 없어지는 것이 아니라, 굳이 디뎌 싸워야 했던 그 무언가를 전부 일컫는다. 차별은 '여자라도 할 수 있다'는 것을 누군가가 증명해낼 때가 아니라, 이 말이 '남자라도 할 수 있다'만큼 우습게 들릴 때 사라진다.

그러니 이제 실력으로 열등하지 않음을 입증하라고 여성을 격려하기보다, 여성은 열등하다는 터무니없는 통념을 만들어내는 쪽이 대체 누구인지를 폭로하는 데 힘써야 한다. '비록 여성이지만' '여성 치고는'이라는 말 뒤에 어떤 찬사가 따라오든, 이 말에는 여성이 열등하다는 통념을 확산하는 성차별주의가 깔려 있음을 똑바로 보아야 한다. '비록 여성이지만'을 문제시하지 않고 '해냈다'에만 주목한다면, 여성들은 여성이라는 이유만으로 거쳐야 하는 온갖 검증들과 끝없이 싸우면서도 자신의 부족한 노력과 실력을 탓하게 될 뿐이다. 남성들이 에스컬레이터를 타고 올라가는 모습을 바라보면서 내 앞에 멈춘 에스컬레이터를 덧없이 뛰어 올라가야만 입증할 수 있는 자격이란 대체 무엇인가? 여성은 원래 무엇이든 할 수 있다. 입증해내느라 힘 뺄 필요가 없다. 여성의 고위직 진출이 적은 이유로 여성의 무능을 대고, 그 증거로 여성의 낮은 고위직 비율을 대는, 원인과 결과가 반복되는 고리를 깨야 한다.

여성이 같은 직급의 남성보다 실력 면에서 탁월하다는 사실, 승진하고 싶다면 그럴 만한 능력을 갖추라는 남성들의 말, 승진한 여성은 죽도록 노력한 이들밖에 없다는 여성들의 푸념, 이 모든 말이 지시하는 것은 결국 한 가지다. 동일 직급에서 나타나는 남녀 간 능력 차이는 여성에게만 더 까다롭게 적용되는 성차별주의적 기준이 만든 결과다. 앞선 비유대로라면, 꼭대기까지 에스컬레이터를 타고 간 사람과 멈춘 계단을 걸어 올라간 사람 중에 누구의 체력이 더 좋겠는가. 더 정확히는, 누구의 체력이 도저히 나쁠 수 없겠는가.

승진은 임금과 직결된다. 여성이 승진 과정에서 잃어버린 임금을 찾기 위해 던져야 할 질문은 따라서 크게 세 가지다. 특정 자리에 올라가기 위해 어떤 여성이 해야만 했던 노력, 갖춰야 했던 능력은 여성이 아니었어도 필요했을까? 그리고 그런 역량과 집념을 갖춘 여성이 성차별주의를 이겨내는 데 그토록 많은 힘을 쏟지 않아도 되었더라면, 어떤 다른 것 혹은 더 많은 것을 성취할 수 있지 않았을까? 또한, 그 자리에 오르는 여성의 수가 얼마나 더 많아졌을까?

남성의 승진

여성의 잃어버린 임금을 찾기 위해서는 여성의
승진만큼이나 남성의 승진에 대해서도 말해야 한다. 앞서
보았듯 승진하려는 여성은 능력을 철저히 검증당할 뿐
아니라 의도적으로 배치된 장애물을 뛰어 넘어야만 한다.
고위직에 오른 여성의 이야기는 직종에 관계없이 대부분
너무 험난해서 마치 난관을 헤쳐 나가는 헤라클레스의
이야기를 읽을 때와 같은 아슬아슬함을 느끼게 한다.
반면 시련을 헤쳐 나가는 남성의 일화로는 헤라클레스가
유일하게 생각날 정도다. 승진할 만한 성과를 낸 남성들은
'남자인데 가능할까?'라는 의심에 도전하고 능력을
증명하느라 추가적인 힘을 빼는 일이 없다는 점만으로
이미 여성보다 유리한 위치에 서 있다.

　　　그런데 여기서 끝이 아니다. 문제는 성과를
내지 않은 남성도 승진한다는 것이다. 이유는 시시하다.
승진하지 않은 남성의 모습이 어색함을 자아내기
때문이다. 우리는 무언가가 어색하게 느껴지는 이유는
어딘가 잘못되었기 때문이라고 믿는다. 그리고 그
느낌을 없애고 싶어한다. 남성에게 어울린다고 여겨지는
자리를 주려고 승진할 명분을 일부러라도 만드는 일은
여기서 비롯된다. 그 결과, 어떤 남성은 명백히 기준에
미달하는 경우에도 오로지 남성이란 이유로 승진한다.
대부분의 경우 자리는 한정되어 있고, 그와 경쟁한 여성은

모든 기준을 채웠음에도 '왠지 남성이 승진하는 게 더 자연스럽게 느껴지기 때문에' 승진에서 밀려난다.

때마다 명분은 달라지지만 승진 시에 남성이라는 성별이 여성의 실질적인 성과를 이기는 사례는 무궁무진하다. 성과연봉제가 도입된 공기업인데도 성과가 높게 평가된 여성들을 제치고 가장 낮게 평가된 남성이 과장을 달았다, 어떤 남성이 리서치 부서에서 하도 성과가 나오지 않자 보다 수월한 부서로 배치하고는 리서치 부서에서 근무했다는 이유로 승진시켰다, 근속 연수가 이쯤 된 남성인데 승진이 안 되면 이직할까 봐 승진시켰다, 부서에서 유일한 남성이니까 승진해야 한다, 나이가 많은데 아직까지 그 직급이면 뭐하니까 승진시켰다……. 전부 다 직업군도 일의 성격도 서로 다른 직장에서 나온 이야기다.

이런 현상을 반드시 회사에 다녀야 알 수 있는 건 아니다. 학창 시절, 회장과 부회장 자리가 남학생과 여학생 후보 중 각각 누구에게 돌아가는 게 자연스럽다고 여겨졌는지를 떠올려보자. 남학생이 회장 자리를 맡는 일을 모두가 덜 어색하게 받아들였다. 요즘은 여학생 회장을 떠올리기가 어려운 일은 아니지만, 한때는 회장은 남학생이, 부회장은 여학생이 한다는 규칙이 엄연하게 존재했다. 같은 표를 얻거나 심지어 더 많은 표를 얻고도 회장 자리를 남학생에게 양보하기를 권유받은 여학생 이야기도 수차례 들었다. 중요한 자리가 특별한 이유

없이, 혹은 명백하게 그저 남성이라는 이유로 남성에게 돌아가는 경험을 숱하게 하면서 우리는 '남성이 윗자리에 있는 것이 자연스럽다'는 감각을 갖게 된다. 이런 일은 회사에서의 승진 차별로 이어지고, 차별을 당하는 여성조차도 이를 꽤 당연하게 받아들이도록 만든다.

카페에서 여자 사장과 남자 아르바이트생이 일하고 있을 때, 당연하게 남자를 사장님이라고 부르는 에피소드도 비슷하다. 성별 말고는 어떤 단서도 없는데 남성을 사장님이라고 확신하는 이유는 높은 지위의 여성만큼이나 낮은 지위의 남성을 상상하는 일이 어색하기 때문이다. 편의점에서 일하던 젊은 여자에게 '야, 사장님 불러와'라고 반말을 하는 남자 손님에게 '전데요'라고 응수했다는 통쾌함을 주는 서사도 전부 같은 맥락이다.

승진 차별: '그런데'와 '그래도'

낮은 위치에 있는 남성이 주는 이런 어색한 느낌은 '그래도' 이쯤 되면, 이 나이 정도 되면, 남자라면 이 정도 자리는 가져야 한다는 암묵적인 합의로 구체화된다. 이것을 엘리베이터라고 부르겠다. 이 엘리베이터는 앞서 보았듯 남성 앞에서는 언제나 힘차게 작동하는 에스컬레이터조차 제대로 타고 올라가지 못하는 남성들의 지위를 추가적으로 보장해주는 장치다. 에스컬레이터를 놓치셨군요, '그래도' 남잔데 그 자리에 계시기는 좀 그렇죠. 저기 엘리베이터가 있으니 어서 타세요.

이 '그래도'의 위력은 여성이 겪는 '그런데'와 비교해보면 좀 더 분명해진다. 남성은 좀 무능하더라도 대단한 결점이 발견되지 않는 한 '그래도' 사람은 괜찮으니까, 같은 이유로 수많은 관문을 통과한다. 반면 여성은 대단한 결점은커녕 충분히 유능하더라도 '그런데' 기가 좀 세, 같은 이유로 관문에 부딪힌다. 이런 광경을 우리는 이미 수없이 경험했다. 그런데, 성격이 별로야. 그래도, 얼굴은 잘생겼어. 그런데, 집안일을 못해. 그래도, 성매매는 안 해. 그런데, 성격이 까칠해. 그래도, 일 하나는 잘해. 그런데, 기가 너무 세. 그래도, 키는 커. 소개팅을 할 때건 배우자를 평가할 때건 한쪽에는 엄격하고 한쪽에는 느슨하게 적용되는 잣대가 직장에서라고 다를 리 없다. 이 서로 다른 잣대가, 남성은 마땅한 이유가 없어도 올라가는 자리에 여성이 올라가기 위해서는 수많은 이유와 검증과 노력이 필요해지는 원인이다.

이런 현상은 여성이 대다수인 직장에서 더 직접적으로 눈에 띈다. 학교를 예로 들 수 있다. 남교사는 학교에 부임하면서부터 평교사에 머물기보다 승진할 것으로 기대된다. 이때의 기대란 그것이 옳다고 생각하는지의 여부와는 관계없이, 교감과 교장 선생님이 대부분 남자였던 학창 시절을 겪은 모두의 마음속에 똑같이 존재한다. 그게 옳거나 자연스럽다고 생각하든 불합리하고 견딜 수 없는 일이라 생각하든, 남성이 높은 지위를 점하는 일이 우리 모두에게 더 익숙하다. 그리고 절대 승진시켜선 안 될 만한 큰 흠이 발견되지 않은 한, 이러한 기대는 현실로 이루어진다.

이를 일컫는 용어도 이미 존재한다. 바로 유리 에스컬레이터다.[10] 이는 여성이 70퍼센트 이상을 차지하는 여초 직장에서 남성이 더 빠르게 승진하고 더 높은 임금을 받게끔 남성을 우대하는 조치 및 현상으로서, 예를 들어 교육, 간호, 미용, 상담 등의 직종에서 나타난다. 여성이 사다리를 타고 올라가는 동안, 남성은 보이지 않는 유리 에스컬레이터를 타고 높은 곳으로 쭉 올라간다. 이 용어는 여초 직장 내에서 남성의 빠른 승진을 일컫는 쓰임으로 한정되기는 하지만, 적은 수의 남성이 빠르게 승진하는 것이 눈에 띄어서 그렇지 성비가 어떠한 직군에서든 남성이 여성보다 빠르게 승진하는 일은 비일비재하다.

남초 직장에서 살아남기 위해 대단히 분투해야 했던 많은 여성의 이야기와 비교하면, 반대의 경우 즉 여초 직장이라는 점이 남성에게는 불리하게 작용하지 않는다. 직원 대다수가 여성인 직군에서 먼저 승진하는 사람, 관리자급에 있는 사람은 대부분 남성인 것이 온전히 이 남성들의 성과 덕분이라고 말할 수는 없다. '왠지 남자에게는 이 정도 대우를 해줘야 할 것 같다'는 학습된 합의, 낮은 대우를 받는 남성을 보기를 불편해하는 우리의 심리가 생각보다 크게 작용한다는 점을 인정해야 한다. 그리고 그 결과로 종사자는 거의 다 여성이지만 상급자는 거의 다 남성인 기이한 구조가 생겨난다는 점도.

영국 광고표준위원회(ASA)도 최근 비슷한 주장을 한 바 있다. 위원회는 성별 고정관념을 강화하는 광고를 규제하기로 하면서 이런 광고가 "타인을 보는 시각, 자신에 대한 시선에 한계를 만들어 삶의 결정 방식을 제한한다"고 말했다.[11] 여기서 문제시한 '삶의 결정 방식'이란 어떤 이들에게는 자칫 '남자 아이도 발레를 하고 분홍색 옷을 입을 수 있다'와 같은, 취향에 관한 사소한 논의라고 여겨지곤 한다. 그러나 취향의 문제가 결코 사소하지 않음을 차치하고라도, 고정관념은 우리가 고를 수 있는 옷의 종류 같은 수평적인 폭뿐 아니라 직장에서 점할 것으로 기대되는 수직적인 지위에까지 포괄적이고 막강한 영향력을 행사한다. 한 사회가 남성 사장, 여성 비서 같은 이미지를 주로 소비하고 자연스럽게 받아들이는 한 이 이미지는 실제로 사람들의 기대와 관념 형성에 관여한다. 그리고 이런 고정관념은 무엇을 배우고 무엇을 입을까와 같은 선택을 제한하는 것을 넘어 개인의 경제력과 생존에 직접적인 영향을 미친다.

임금격차를 이야기할 때, 우리는 같은 직급의 남성과 여성이 동일한 능력을 가지고 있다고 전제한

채 같은 직급 내에서 발생하는 격차만을 떠올리곤
한다. 그래서 여성이 높은 직급으로 갈 수 있게 되려면
어떻게 해야 하는지에 대해 자주 말한다. 물론 이 부분도
해결되려면 한참이나 남았다. 그러나 짚고 넘어가야
할 것은, 앞서 살펴본 고정관념들이 여성의 승진을
적극적으로 막을 뿐 아니라, 수준에 미치지 못하는
남성들을 승진시킨다는 점이다. 이때 그에게 자리를
만들어주느라 제쳐진 여성들에게 경제적 불이익이
발생함은 물론이다. 남성들이 '그래도 남자라서' 더 받게
되는 임금은 여성들이 덜 받게 되는 임금과 무관하지
않다. 여성의 잃어버린 임금을 구하기 위해서는, 동일
직급에서의 임금격차뿐 아니라 그 직급에 이르는 과정의
부당함을 함께 고려해야 한다.

2
고과
'처음으로 돌아가시오'와 '세 칸 앞으로'

중간 중간 승진 구간이 놓인 보드게임을 떠올려보자.
여성과 남성은 이 거대한 말판 위에 서서 게임 룰에 따라
업무를 수행하며 앞으로 나아간다. 하지만 각자의 향방은
결코 게임 주사위처럼 공정한 무작위로 결정되지 않는다.
여성에게 '한 칸 앞으로'나 '처음으로 돌아가시오'가
나오는 동안, 남성은 '세 칸 앞으로' 간다.

남성이 어떤 자리에 있어야 한다는 암묵적인 기대는 기준 이하의 남성을 임의의 위치로 끌어올려주는 역할을 한다. 그런데 그뿐만이 아니다. 이 기대는 실제로 대우받을 자격이 있는 남성을 만들어낸다. 남성이 결국 성공하지 못한 경우 추가적인 조치를 취해주기도 하지만, 그 전에 남성에게 성장할 기회를 우선적으로 부여함으로써 성장한 사람으로 만드는 것이다. 앞서와 마찬가지로 '그래도' 남자에게 중책을 맡겨야 한다는 불합리한 결정은 어느새 그의 승진을 뒷받침하는 합리적인 성과로 탈바꿈한다. 물론 남성이 중책을 맡아야만 할 이유 같은 건 없다. 그리고 납득할 만한 아무런 이유가 없다는 게 차별의 가장 큰 특징이다.

　　　직장 생활과 직접적인 관계는 없지만, 어떤 식으로 남성에게 이유 없이 중책이 돌아가는지를 잘 보여주는 일화가 하나 있다. 나를 포함해 열다섯 명의 여성과 한 명의 남성이 어떤 행사를 준비한 일이 있다. 따로 직급이 없었던 우리는 함께 행사장 뒤켠에 쪼그려 앉아 종이봉투를 접는 일을 하고 있었다. 그때 우리 중 한 명이 행사 주최측으로서 내빈을 맞는 관리자 급의 일을 해야 했다. 종이봉투를 접는 일보다는 분명 무게를 지니는 일이었다. 그 즉시 우리 모두는 한 명 있는 남성이 그 일을 하는 게 자연스럽다고 느꼈다. 자연스럽게 느껴진다는 사실이 결코 당연하지도 정당하지도 않다고 생각한 나조차 그랬다. 그가 그 일에 적합한 자질을 가졌는지,

그 근거는 무엇인지 아무도 질문하지 않았다. 그 남성 스스로도 자연스럽게 자리를 털고 일어나 내빈을 맞았다. 단 몇 초 사이에 일어난 일이었다. 오로지 성별을 이유로 물 흐르듯 자연스럽게 위계가 나뉘었다. 열다섯 명의 여성 중 누군가가 하려면 할 수도 있는 상황이었다. 그러나 중요한 건, 그랬다면 그의 행동은 바로 자리를 털고 일어났던 남성의 행동과는 다르게 다소 부자연스럽게 여겨졌으리라는 점이다.

회사에서는 이런 식으로 맡는 중책이 모여 고과가 되고, 승진의 근거가 된다. 현대자동차 광주전남지역의 통계를 보면, 남직원 35명 중 한 직급 이상 승진하지 않은 남성은 단 한 명도 없지만 여직원은 43명 중 반이 넘는 22명이 입사 후 15년이 경과하고도 최하위 직급에 그대로 머물러 있었다. 이것이 논란이 되었을 때, 남성이 더 많은 업무를 수행하며 중요한 일을 담당하기 때문이라는 것이 회사 측의 주장이었다.[1]

편파적 인정과 기회 불평등의 순환고리

고과라고 말하기는 했지만 일반 기업이 아닌 곳에서도 이런 일은 늘 일어난다. 한 예로 작가가 있다. 고과나 승진은 없지만 성과나 평가에 따라 입지가 상승하게 되는

이 직업은 능력에 따라 제법 공정한 대우를 받으리라고
예상되곤 한다. 책이 팔리는 만큼 고정된 인세가 지급될
것이기 때문이다. 그러나 좀 더 들여다보면, 작가는
남성이 편향된 평가에 힘입어 실제로 높은 위치에 오를
만한 사람이 되어가는 과정을 굉장히 잘 보여주는
직종이다.

　　　　작가는 작품을 통해 여러 성취 지표를 얻게 되고,
인정을 받는다. 그런데 이 성취가 평가를 통해 인정으로
되돌아오는 과정에 임의의 왜곡이 발생한다. 작품에 대한
주관적인 평가는 판매량과 같은 객관적 수치를 뒤집거나
좌우할 만한 힘을 발휘하기도 하는데, 이 주관적인 평가의
수혜를 받는 쪽은 보통 남성이다. 이러한 사실은 남성이
작가가 되는 길목에 더 쉽게 접근하며 중요한 작가로 더
빨리 자리매김할 수 있도록 한다. 왜 여기서도 임의성의
수혜자는 남성일까? 주된 이유 중 하나는, 그 주관적인
평가자가 주로 남성이기 때문이다.

　　　　누군가가 위대한가, 위대하다면 얼마큼
위대한가, 어떤 입지를 얻을 만한 인물인가를 남성이
결정할 때, 같은 남성이 명망을 키울 기회를 더 빨리
얻는다. 그리고 그렇게 입지를 얻은 남성이 다시금
평가자가 된다. 이런 식으로 남성이 비중과 힘을
가진 업계에서 남성은 커리어를 더 쉽게 시작하고,
더 빨리 발돋움한다. 사진계와 같이 업계 내에서
도제식으로 성장하는 경우 특히 이 현상이 두드러진다.

상대적으로 수입이 높은 상업사진에서 남성 제자는 남성 선생으로부터 성취를 이룰 만한 일을 맡고, 평가받고, 인정받으며 입지를 다진다. 반면 여성의 성취는 특수하고 부분적인 취급을 받아 주변부에 머문다. 해당 여성이 실제로 일으킨 반향이 평가에 제대로 반영되지 않을 뿐 아니라, 성과가 여성의 것이라는 이유만으로 보편적이지 못한 것으로 취급된다.

　　　여성이 여성이라는 이유로 부당한 저평가를 감수해온 역사는 길다. 조르주 상드, 샬럿 브론테처럼 위대한 문호들이 성별을 숨기기 위해 남성 이름으로 출판했던 이유도 이 같은 경향으로 굳어진 선입견을 피하기 위해서였다. 세계적으로 약 4억5000만 부, 영화 매출 누적 70억 달러, 국내에서도 문학작품 사상 최다 부수 같은 신기록을 세운 『해리 포터』의 저자 조앤 롤링도 마찬가지였다. 처음에 투고 당시 원고를 연신 퇴짜맞던 롤링이 지금의 자리에 오른 것은 여성임이 드러나지 않게 하라는 출판사의 권유를 받아들여 J. K. 롤링이라는 필명을 쓰고 나서였다.

　　　남성 소설가 박범신이 소설가 정유정의 베스트셀러 『7년의 밤』을 두고 "여성 작가들이 흔히 빠지기 쉬운 여러 문학적 함정을 너끈히 뛰어넘었다"[2]는 문장을 찬사라고 사용한 것을 보면 J. K. 롤링을 비롯한 여성 작가들이 무엇을 피하려 했는지 알 수 있다. 『7년의 밤』은 저자가 거의 무명인 상황에서, 당해에 한국

소설 중—마찬가지로 여성인—신경숙 다음으로 많이
팔렸고, 무려 열다섯 곳에서 영화화 제안이 들어와 1억
원이라는 최고 수준의 원작료를 받고 영화화가 진행된
작품이다.[3] 그런데도 '여성 특유의 한계를 뛰어넘어' 겨우
남성 작가와 같은 선에 놓일 자격을 얻은 듯한 평가를
듣는 것이다. 누구도 무시 못 할 성과를 이룬 다음에야
'여성의 한계'에서 벗어나 보편의 자격을 얻는다. 물론 이
보편이라는 가치를 남성은 처음부터 가지고 있다.

　　　　때로 평가는 시간 차를 두고 이루어지기도
하는데, 고종석을 비롯한 남성 문인들은 수필가 전혜린이
당대에 한국 사회에 일으킨 반향과 성취를 두고 한참
뒤에 그것이 전혀 대단하지 않았다고 평가함으로써 그를
깎아내리기도 했다.[4] 2017년 가장 많이 팔린 소설인
『82년생 김지영』을 두고도 일각에서는 이 작품이
'문학적이지 않다'고 말했다.

　　　　이처럼 어떤 일에서 명백한 성공을 거두는
여성이 나타났을 때, 사회의 반응은 다음과 같다. 우선은
그를 어쩌다 생긴 예외로 취급하여 여성 집단에서
분리하는 방식을 통해 여성의 성공이 역사를 갖는 대신
영원히 일시적이고 산발적으로 존재하게 만든다. 동시에
성공의 원인을 어떻게든 그 여성의 역량이 아닌 다른
데서 찾으려 한다. 시기가 좋았다, 소재가 좋았다, 수완이
제법이었다, 운이 좋았다……. 몸으로 유혹했다, 도 흔한
레퍼토리다. 해당 인물이 여성이라는 점은 여성성을

이용해서 성공하지 않았겠느냐는 의혹을 제기할 때 특히 불거진다. 성공의 원인은 그것을 만들어낸 본인의 역량에서 찾는 것이 분명 가장 쉬운 일일 것임에도 그렇다. 혹은 말을 한마디 붙여 그 성취를 부분적으로만 인정하려 들기도 한다. '하지만 너무 감상적이다' '그래도 그건 문학은 아니다' 등등. 만일 그가 남성이었다면 여성에게 평가 절하의 요인이 되었던 모든 사항은 전부, '어쨌든 성공을 가능케 한 요인'으로 인정받으며 남성의 능력을 높이 평가하는 데 쓰였을 것이라고 확신한다. 한 해 동안 가장 많이 팔린 남류 소설가의 소설이 기존의 문학과 다르게 느껴진다면, 해당 소설은 문학이 아니라는 말을 듣는 대신 새로운 장르를 여는 신호탄으로 추대되어 오히려 높은 평가를 받았을 확률이 높다.

성취를 폄하하는 다양한 말 중에 '여자들이나 좋아하는 것'이라는 평가가 있다. 이 말은 어떤 성과를 폄하하는 데 흔히 따라붙는 이유다. 또한 이 말만큼은 남성의 성취를 폄하하는 데도 쓰인다. 즉 여성들에게 인기 있거나 반응을 얻은 작품은, 그게 남성 창작자의 것이라도 온전한 평가를 받지 못한다. 어떤 성공이 '진정한' 것으로 인정되기 위해서는 남성의 관심, 남성의 기준이 충족되어야 하기 때문이다. 남성의 취향을 충족시키는 것은 보편이고 예술이지만, 여성의 관점을 보여주는 작품은 '여성용'이며 보편적이지 못한 것으로 여겨지고 격하된다. 따라서 어떤 작품이나 장르가 성공한 배경에

여성의 압도적인 호응이 존재했다는 사실이 알려지는
일은 그리 유쾌하지 않다. 이런 사실이 드러나면 반드시
남성들의 부정적 평가와 가치 절하가 따라붙기 때문이다.
뮤지컬이나 영화와 같이 주 소비자층이 여성인 산업조차
소수 남성 평자의 인정에 매달리는 일은 그래서 일어난다.
'여성'이라는 성별은 생산자 위치에 있든 수용자 위치에
있든 응당 받을 만한 인정을 받는 데 위협적인 요인이다.

　　　　이렇게 오로지 여성이라는 이유로 성취가
그늘에 가려지는 현상을 마틸다 효과(Matilda
Effect)[5]라고 한다. 예컨대 대중성과 작품성이라는
가치는 늘 같이 가는 것은 아니다. 도리어 전자와 후자가
공존할 수 없다고 여겨지는 경향이 있으며 이는 남성의
창작물에도 해당되는 얘기다. 그럼에도 대중성과
작품성이라는 기준이 적용되는 현실은 여성에게 돌아오는
인정이 얼마나 인색한지를 명확히 보여준다. 남성은
대중성으로든 작품성으로든 인정받고 나면, 좋은 대우를
받으며 입지를 굳혀나갈 수 있다. 대중적 성공을 이룬
남성 작가의 위상은 여간해선 흔들리지 않으며, 작품성을
인정받은 경우 곳곳에 섭외되어 이름을 알리거나
여기저기서 한자리를 차지하며 업계 안에서 빠르게 안정
궤도에 오른다. 한쪽에서 성공하면 다른 쪽의 성공도 어느
정도는 같이 따라오는 셈이다. 반면, 여성은 둘 중 하나를
얻기도 남성에 비해 어려울뿐더러, 궁극적으로 한쪽을
골라야 한다. 대중적 성공을 거둔 여성은 그 이름과 작품에

생채기를 내려는 여론의 공격에 끈질기게 노출된다. 또한 대중적이지는 않아도 업계 내에서 작품성이나 실력을 널리 인정받은 경우, 여성은 남성에 비해 업계 또는 미디어의 서포트를 받지 못한다. 때문에 바깥으로 이름이 잘 알려지지 않아, 다음 기회를 쉽게 얻지 못하며 궤도에 오르기는커녕 이미 성취한 일각에서의 인정조차 언제든 잃을 수 있는 끊임없는 시험대에 서게 된다.

　　　능력을 갖춘 여성이 대중 인지도를 얻지 못하고 아는 사람만 아는 실력파가 되는 이유 역시 대부분의 직종에서 평가자의 자리를 점하고 힘을 실어줄 수 있는 이들이 주로 남성이라는 점과 관계있다. 누구의 성취를 인정하고 기록하고 지지할지, 그리고 누구의 성취를 외면할지를 결정할 수 있는 이들의 존재는 크다. 한때 큰 성공을 거두어 널리 알려진 여성이 역사에서 빠르게 사라지게 되는 것은 이러한 이유다. 무언가를 성취한 여성은 잘못을 했을 경우 빠르게 매장되고, 잘못이 없어도 손쉽게 오명을 쓰며, 아무 이유 없이도 정당한 평가를 받지 못한 채 잊힌다. 이렇게 잊힌 여성의 이름은 후에 그의 성취가 아니라 그에게 끼얹어진 얼룩으로만 거론되는 경우도 흔하다.

　　　물론 성취가 어떻게 평가되고 평가가 어떤 인정을 만들어내는지에 관계없이, 작가에게 지급되는 인세는 책 한 부가 팔리는 데에 따라 정해진 비율로 입금된다. 그러나 한 작품에 대한 평가는 다음의 성취에 영향을 준다. 그리고 이 작가가 다른 활동으로 얻게 되는 소득은 이 성취, 인정, 평가에 크게 영향을 받는다. 특강에 섭외되었을 때 얼마큼의 강의료를 제의받는지, 교수 혹은 시간강사 중 어떤 자리를 맡게 되는지, 당대를 대표할 작가로 평가되는지, 한 나라의 문화정책을 좌우하는 자리에 초청을 받는지 등, 이때의 기준은 기존의 남성 위주 평가 체계와 긴밀하게 결부되어 있으며 전부 경제력과 직결된다. 큰 강연에 누구를 부르고 얼마를 지급하고 어떤 대우를 하고 어떤 감투를 줄 것인지의 결정에서 성별은 큰 영향을 미친다. 열거한 일들은 작가의 본업이라고 보기는 어렵지만 한 사람의 경제력을 결코 작지 않은 비중으로 좌우하며, 업계에서 입지를 만든다. 그리고 명백히 이 과정에서 남성은 수혜를 받고 있다.

더 많은 기회를 얻고 경력을 늘리고 그로써 인정과 자원을 더 쉽게 획득하는 이런 경향을 가리켜 마태 효과(Matthew Effect)[6]라 한다. 마태 효과에 따라, 기회의 불평등은 인정의 불평등으로 이어지고 경제력의 차이로 이어진다. 남성이 연쇄 효과를 딛고 서서히 입지를 넓히는 동안 여성은 어떻게 되는가? 그런 남성들을 부러워한다. 여러 여성 영화배우가 토로해온 고충을 예로 들 수 있다. 그들은 남배우들을 보고 말한다. "남자 배우들만 캐스팅하니까 그들은 내후년까지 라인업이 되어 있더라. 얼마나 행복할까, 부럽다고 그랬다. 쉬고 싶지 않은데도 쉬는 시간을 갖고 있는데 지루하다는 생각을 많이 한다."[7] "관객 수도 더 많아지고 1000만 영화도 더 많아졌음에도 불구, 남성 중심의 세계관, 역사관, 시각을 담은 영화들이 넘쳐나고 있다."[8] "남자 역할이 더 탐날 때가 한두 번이 아니다."[9] 이 배우들이 실력이 없어서 시나리오가 안 들어오는 건데 성차별 탓을 하는 것 같은가? 이들은 각각 전도연, 문소리, 공효진이다. 애초에 여성 인물이 적고 제한되어 있는 한국 영화계에서 여성에겐 실력을 키울 수 있는 기회 자체가 적게 주어진다. 이 네 배우야 이미 한국 영화계에서 최고 입지까지 올라갔지만, 만일 이들에게 남배우에게 돌아가는 만큼의 시나리오와 배역 비중이 주어졌더라면 그들은 더 좋은 배우로서 성장하고 영화사에서 더욱 중요한 인물이 되고 더 높은 액수의 출연료를 받을 수 있었을 것이다.

남성 생계부양자 모델

남성에게 중책이 돌아가야 할 마땅한 이유는 없지만 그 편이 아무래도 자연스럽다는 느낌, 심지어는 그것이 옳은 결정이라는 믿음. 다르게 말하면 이미 존재하는 경향성을 이어가고 싶다는 동기가 결정을 이끈다. 제도가 철폐된 뒤에도 관행이 존속하는 이유다. 여기에 그럴듯한 명분까지 있다면 금상첨화일 것이다. 예컨대 남성이 한 집안의 가장이니까, 라는 명목은 남성에게 기회와 지위와 더 많은 임금을 줄 아주 좋은 이유가 된다. 가장이기 때문에, 먹여 살려야 하는 처자식이 있으니까, 때로는 좀 더 노골적으로, 가장의 기를 살려 주기 위해. 미혼인 경우, 남성은 결혼하려면 돈이 더 필요하기 때문이라는 명분이 있다.

　　　이 상황을 '남성 생계부양자 모델'이라는 말로 설명할 수 있다. 가족 내에서 남성은 생계를 전담하고, 여성은 양육을 전담한다고 상정하는 이 모델은 더없이 익숙하다. 그러다 보니 비록 차별적인 면이 있기는 해도 때로 거스를 수 없는 불변의 진리처럼 받아들여진다. 그러나 인간의 활동 반경을 집 안과 밖, 즉 사적 영역과 공적 영역으로 구분 짓고 여성과 남성을 각각의 영역에 고정하려는 시도는 산업자본주의의 산물이다.[10] 하나의 발명품에 불과하다는 말이다. 한국의 경우 이 모델은 박정희 시대에 들어 적극 채택되었다.[11] 국가 발전 사업에 남성을 우선적으로 동원하면서, 가족임금이라는 명목으로 남성에게 추가적인 임금을 주는 식이었다.

　　　그런데 이 모델은 오늘날 빠르게 힘을 잃어간다. 지금 우리 사회는 결혼 후 맞벌이가 자연스러워진 지 오래고, 결혼하지 않고 혼자 사는 1인 가구의 비중이 꾸준히 증가하고 있다. 세대주가 여성인 가족의 비율이 2017년 들어 처음으로 30퍼센트를 넘어섰고[12] 앞으로도 쭉 늘어날 전망이다. 여성이 세대주가 되는 원인은 사별했거나, 이혼했거나, 결혼하지 않는 등 다양하게 존재하지만 공통점이 있다면 모든 유형이 증가세를 보인다는 점이다. 특히 이혼이 날로 늘고 있다. 한부모 가정에서 아빠가 자녀를 맡은 경우는 20퍼센트 남짓에 불과하다.[13] 가족의 형태가 이렇게나 달라지는 와중에, '남자는 가장이잖아'라는 말은 관습에 기댄 게으른 변명일 뿐이다.

또한 여성의 활동을 가정 안으로 한정하려던 사회적 압력이 지금보다 거셌던 과거에도 여성은 늘 임금노동을 했다. 삯바느질을 하거나 남의 집 잔치에 일해주러 가던 시절부터 종이봉투나 인형 눈알 붙이기까지, 가정주부로 불린 여성들도 경제적 교환가치를 띠는 노동을 멈추지 않았다. 1990년 자료를 보면, 특정 저소득층 지역에 거주한 주부들은 평균 7.7시간씩 임금노동을 했다.[14] 말이 부업이지 공장 근로자와 비슷한 시간 동안 일했다. 그러나 이들의 임금 수준은 제조업 공장에서 일하는 기혼 여성 노동자 임금의 52.8퍼센트밖에 되지 않았다. 이미 기혼 남성 노동자에 비해 낮은 임금을 받고 있는 여성 노동자 임금의 반밖에 받지 못한 것이다.

'한 푼이라도 보태려고' '반찬값 벌려고' 같은 말로 격하되는 그들의 임금노동은 항상 존재했다. 당장 박정희 시대에만 하더라도, 가발과 섬유 분야가 국가 발전의 주요 동력이었고 이 분야의 종사자가 대부분 여성이었다. 그럼에도 이 시기 국가 성장의 주역, 산업 역군으로 추대된 건 항상 남성이었던 것처럼 눈에 띄지 않았을 뿐이다. 즉 남성의 고임금과 빠른 승진을 정당화하는 남성 생계부양자 모델은 다양한 가족 유형 중 하나에 지나지 않으며, 빠르게 낡아가는 데다, 애초에 현실을 다 담아낸 적이 없다.

　　　아무리 그래도 남성 가장이 많으니, 부양가족을 위한 이런 배려에 타당한 면도 있는 게 아닐까? 물론 아니다. 의심이 든다면 다음 통계를 살펴보자. 남성에게 기회와 고임금이 당연한 듯 돌아갈 때에, 실질적으로 누가 가장인지는 결코 고려되지 않는다. 남성 생계부양자 모델의 실패는 어떤 비혼 남성이 곧 결혼할 것이라는 헛된 기대에 힘입어 빠르게 승진해서 비혼 여성은 누릴 수 없는 부를 누리는 데서만 나타나는 게 아니다. 남성이 처자식을 부양해야 한다는 통념의 큰 수혜자는 엉뚱하게도 게이 커플이다. 통계에 따르면 게이 커플이 이성애자 커플보다 빠르게 자가를 갖는다. 서울에서 월세를 내고 사는 이들이 1억 원의 전세 자금을 모은다고 할 때, 게이 커플은 2.85년, 이성애자 커플은 4.38년, 레즈비언 커플은 9.43년이 걸린다.[15] 하지만 이런 통계보다도 생계부양자 모델이 허울 좋은 핑계임을 더 확실히 드러내주는 것은, 바로 싱글맘들의 임금이다. 싱글맘이 생계부양자라는 이유로 직장 내에서 승진 혹은 급여 인상의 혜택을 받는가? 오히려 싱글맘이라는 이유로 직장 내에서 눈총과

고용 불안정에 시달리는 경우가 많이 보인다. 여기에 이혼 가정에서 양육비 청구인의 87퍼센트가 엄마라는 결과[16]를 함께 보면, 여성은 이미 함께 아이를 만든 남성이 최소한의 의무조차 이행하지 않는 가운데 양육을 도맡는 상황에 남성보다 훨씬 자주 놓이고 있다. 그런데 양육비를 받지 못하고도 가장으로 인정되지 못하는 싱글맘과는 달리, 남성은 양육비를 지급하지 않고도 직장에서는 이미 가장으로 대우받고 있거나 다시 가장이 되리라는 기대를 받는다. 그러니 혹시 어떤 회사가 진정으로 재직자의 가족 구성원 부양에 힘을 보태고자 한다면, 오히려 남성에게 승진 기회를 몰아주는 일을 즉시 멈춰야 할 것이다. 이미 우리는 노동자의 성별만으로는 그가 현재 가족의 생계부양자인지 아닌지, 혹은 살면서 타인의 생계부양자가 될 일이 있을지 없을지를 전혀 짐작할 수 없는 시대에 와 있기 때문이다.

　　　남성이 남성이라는 조건 외에는 그 어떤 것도 묻지도 따지지도 않고 평등하게 가장으로 취급되는 동안 여성은 어떤 길을 걷게 되는지를 단적으로 보여주는 연구가 있다. 고려대학교 노어노문과 92학번 졸업생 50명을 대상으로 졸업 20년 후의 이력을 추적 조사했더니, 졸업 직후 여성과 남성은 대부분 대기업에 입사했다. 그러다 몇 년 뒤, 오로지 여성에게서만 과외 교사와 파트타이머로 전향하는 일이 적지 않게 발생했다. 조사된 여성들의 첫 직장과 현 직종은 조금씩이라도 서로 전부 달랐지만, 퇴사 이유는 한결같았다. 출산과 육아 때문이었다. 경력이 단절된 것이다. 반면 남성은 대다수가 첫 직장을 계속 다니면서 연차를 쌓고 있었다.[17]

　　　기혼에 자녀가 있다는 점은 남성 노동자에게는 승진을 몰아줄 타당한 근거가 되나 여성 노동자에게는 승진에서 불이익을 줄 이유가 된다. 실질적으로 여성이 가장이어도 변함없다. 현재 한국에서는 여성이 출산 및 육아휴가를 마치고 복직했을 때 불이익을 주는 기업이 45.6퍼센트에 달한다.[18] 무려 기업의 인사 담당자가 응답한 내용이다. 이때 여성이 겪는 불이익의 종류로는 퇴사 권유부터 연봉 삭감, 직책 박탈까지 다양하다. 그간 자리를 비웠으니 더 이상 핵심 업무를 맡지 못하는 불이익을 감수하라는 암묵적인 혹은 명시적인 요구도 흔하다. 육아휴직을 썼다는 이유로 승진 대상에서 처음부터 제외되기도 한다. LG생활건강의 예를 들면, 여성 직원이 육아휴직을 6개월 이상 사용할 경우 매니저 직책을 박탈하거나 먼 곳으로 발령을 냈다. 원거리 매장으로 발령이 나면 월급 차이가 100만 원 넘게 발생했다. 또한 LG는 법적으로 보장되는 임신부의 1일 2시간 근로시간 단축 신청을 받아들이지 않았다. 오히려 만삭에도 창고 업무 및 연장근무를 하도록 해 출산 예정일을 한 달 앞둔 직원이 심하게 하혈을 하는 일마저 발생했다.[19] 여성들은 합당한 배려를 받지 못할 뿐 아니라, 출산휴가로 회사에 손해를 끼친다며 눈총까지

받는다. 국가는 출산을 그토록 권장하고 가족은 맞벌이를
당연시하지만 출산도 하고 직장도 다니는 여성은 민폐라
취급된다.

경력 단절

한국 여성의 경력 단절은 M자형 곡선으로 나타난다.
여성의 경제 활동 참가율은 높게 시작해, 툭 떨어졌다가,
다시 올라간다. 직장에 다니다가, 출산 전후로 직장을
그만두었다가, 다시 임금노동에 뛰어드는 것이다. 참고로
M자를 그리는 여성의 경제 활동 참가율이 절정에 달하는
나이는 29세다.

　　　그런데 국가가 이들의 경력 단절 이후의
재취업을 위해 창출한 일자리 중 예산을 가장 많이 할당한
직종은 돌봄노동이다.[20] 직장을 그만두기 전 각각 어떤
분야에 종사했던 사람이건 이제 이들은 그저 엄마이며
적성은 모성인 듯 취급된 결과다. 또 예산이 집중된 다른
직종은 미용이다. 이 역시 여성이라는 성별을 고려한
결과다. 재취업에 성공한 여성은 평균적으로 경력이
단절되기 이전의 자기 자신에 비해 월 28만 원 덜 받고,
경력 단절을 겪지 않은 여성에 비해서는 월 76만 원 덜
받는다.[21] 고학력 여성도 예외가 아니다. 사실, 경력이

단절된 여성에게 높은 학력은 노동시장에 재진입하는
데 오히려 걸림돌이 된다. 출산으로 경력 단절을 겪은
여성에게 주어지는 일자리의 낮은 소득 수준이나 조건에
고스펙 여성이 맞지 않기 때문이다.[22] 예를 들어 이공계
여성은 아예 복귀를 포기하는 경우가 많아 이들의 경제
활동 참가율 그래프는 L자형으로 그려진다. 과학기술인
중 출산 및 육아로 경력이 단절된 여성의 수는 30만
명에 달한다.[23] 출산 후 직장에 복귀하면 불이익을 받고,
퇴직 후 재취업을 시도하면 대부분이 이전보다 좋지
않은 일자리를 구하게 된다. 이전의 경력을 자연스럽게
이어가며 승진하는 일은 결코 흔치 않다.

그럼 여성이 평생 독신이기를 선언하면 핵심
업무를 무리 없이 맡아 승진에 필요한 성과를 쌓을 수 있지
않을까? 여전히 아니다. 결혼하지 않은 여성도 핵심적인
일로부터 지레 배제되는 일이 생긴다. 언젠가 결혼해
퇴직하거나 출산할 수도 있기 때문이다. 동종 직종에서
경력이 이미 단절된 여성들을 근거처럼 제시하며 경력이
막 시작된 이들의 앞날을 점친다. 이처럼 여성의 경력
단절이란 단지 출산할 계획이 있거나 출산한 여성에게만
영향을 주는 문제가 아니다.

야망 없는 여성들?

한편, 경력 단절이 심각한 현상이기에 성별에 따른
임금 차별의 유일한 원인처럼 여겨지기도 하지만 이는
사실이 아니다. 이 심각한 현상으로도 채 다 설명할 수
없다는 점이 임금 차별이라는 문제의 압도적인 크기를
가늠하게 해준다. 임금 차별을 논할 때 흔히 제기되는
또 다른 주장은 여성이 일을 못 하고 열심히 하지
않는다는 것이다. 이는 비교적 명쾌하게 눈에 보이는
경력 단절이라는 문제에 비하면 두루뭉술하고, 입증하기
어려우며, 악의적으로 활용된다.

      이 사회에 어떤 제도와 편견이 있는지를
고찰하지 않으면 여성이 승진하는 데 오랜 시간이 걸리는
것은 모자란 능력에 대한 당연한 처우이며 남성이 빨리
승진하는 것은 더 잘, 열심히 일한 데에 따른 공정한
보상이라 생각하게 된다. 최근 구글의 한 엔지니어가
생물학적으로 여성에게는 야망이 없고 남성은 리더십을
갖추었기 때문에 임금격차가 발생한다는 메모를 사내에
공유한 일도 있었다.[24] 그리고 그는 곧바로 해고됐다.
앞서는 승진하고자 하는 야망을 가진 여성들이 철저히
배제되기 때문에 남성에 비해 더 많은 노력을 들여야 했던
사례들을 이야기했다. 이들은 여성이기에 그저 불이익을
받기도 했고, 여성은 열등하다는 편견 때문에 그 능력을
몇 배로 입증해야 했다. 이번에는 '여성이 야망이 없기

때문에' 승진에서 배제된다는 주장이다. 여성의 특성을 뭉뚱그려 여성이 겪는 임금 차별의 원인을 여성 자신에게 돌린다는 점에서 둘은 비슷하지만, 이 주장은 여성이 열등하다는 편견보다 더 복합적으로 바라보아야 한다.

일에 열정적이지 않고 능하지도 않은 여성은 분명 있다. 우리는 차별에 대한 이야기를 하기 위해 이들의 존재를 어떤 식으로든 변호하거나 부인해야 한다고 느낀다. 그러나 여성이라는 성별을 열등하게 여기는 부당함과 싸우기 위해 모든 여성이 일을 잘한다고 말할 필요는 없다. 이들이 여성이라는 이유만으로 승진하는 일은 어차피 일어나지 않는다. 반면 남성이 성과에 관계없이 성별만으로 여성을 제치는 일은 자주 일어난다. 차별은 이때 쓸 수 있는 말이다. 직장 내 성차별은 일을 충분히 열심히 하지 않는 여성의 존재를 찾아낼 때가 아니라 여성이 여성이라는 이유만으로 명확한 성과를 보이는 남성을 제치고 승진하는 사례를 찾을 때에 지금과 다르게 논의될 수 있다.

또 짚어두고 싶은 것은 여성이 남성에 비해 승진 욕구를 드러내지 않는 경향이 있다고 할 때, 그 이유가 무엇이냐는 것이다. 사실 여성이 승진을 포기하는 원인이 바로 직장 내 성차별 때문인 경우가 많다. 처음 입사할 때부터 많은 여성은 여자 상사가 극히 적은 환경에서 일을 시작하고, 그들이 하나같이 초인적인 능력을 가졌거나 예외적 취급을 받는 것을 보게 되며, 동시에 그들이 남성에 비해 대우받지 못하는 모습을 본다. 이런 환경에서 여성과 남성 중 누가 높은 자리에 오른 자신의 모습을 더 쉽게 그리고 야망을 키우게 되겠는가? 죽도록 해야 약간의 성취가 주어지거나 심지어 죽도록 해도 어떤 보상도 돌아오지 않는 현실을 파악한 뒤 야망을 버리겠다는 결정을 내리는 사람을 우리는 합리적 인간이라고 부른다. 진입로를 막아두고는 그것을 보고 진입하려는 시도를 단념하는 여성들의 결정을 오롯이 개인의 선택인 것처럼 말하는 태도는 다분히 기만적이다.

누가 인정받는 일을 하는가

여성이 일을 적게 한다고 여겨지는 데는 또한 여성에게 잘 드러나지 않는 일이 돌아가는 것도 한몫을 한다. 앞서 다루었듯, 우리 사회에는 남성에게 중책이 우선적으로 돌아가며 그것이 자연스럽다고 여겨지는 경향이 있다. 그렇다면 남성이 중요해 보이는 일을 맡아 하는 동안 여성은 고스란히 쉴까? 대체로는 자잘해서 눈에 띄지 않지만 누군가는 해야만 하는, 꼭 필요하지만 스포트라이트를 받는 것과는 거리가 먼 일을 하고 있다. 앞서 언급한, 내가 참여했던 행사 이야기의 결말을 이야기하자면, 내빈을 맞은 남성은 주최자로부터

'당신 덕분에 행사를 잘 마칠 수 있었다'는 인사를 따로 들었다. 종이봉투를 접고 무거운 것을 나르고 청소를 하면서 허리를 펴지 못한 채 끊임없이 일한 나머지 여성들에게는 '다들 고생했다'는 인사로 갈음했다. 만일 이때 우리가 계속해서 분주하게 했던 일들 중 한 가지라도 중단됐더라면 행사도 즉시 중단되었을 것이다. 그러나 그날 우리에게 할당된 일 가운데 내빈 맞이만이 유일하게 돋보일 수 있는 일이었으며, 동시에 가장 힘 들이지 않고 할 수 있는 일이기도 했다.

　　　　물론 남성이 맡는 '중책'이 실제로 고된 일일 때도 있다. 엉뚱할지 몰라도 학교에서 엠티를 갔을 때 고기 굽기를 맡아서 하고 '고생했다' '덕분에 맛있게 먹었다'는 공치사를 듣는 남자 선배들이 떠오른다. 연기와 싸우며 고기를 굽는 일은 분명 서서 손님에게 인사를 하는 일보다는 고될지 모른다. 그러나 공통점이 있다면 티가 나는 일이라는 것이다. 누군가가 떠들썩하게 고기를 굽는 동안 분주하게 왔다 갔다 하며 수저와 식기를 준비하고, 밥을 안치고, 술과 안주를 준비하고, 설거지를 하는 일은 대개 누구의 몫일까? 이런 일들 역시 가뿐하게 할 수 있는 것은 아니다. 고기를 구운 사람은 나머지 일을 전혀 하지 않아도 가장 큰일을 했다고 여겨지는 것을 생각하면 더욱 그러하다. 회사에서 커피를 타는 일, 영수증을 정리하는 일, 반복적인 정리 업무나 사무용 물품을 구매하거나 회식 장소를 섭외하는 일 등, 업무와 연계성이 낮지만 지속적으로 누군가는 해야만 하는 노동을 담당하느라 스트레스를 받는다는 여성 지인들의 증언은 나열하면 끝이 없다. '그래도 이런 건 여자가 맡는 게 깔끔하더라'면서 여성에게 해당 업무를 주지만, 그 일이 해당 직원의 업무 능력 평가로 이어지지 않음은 물론이다.

　　　　직장에서 남성이 더 오래, 더 힘든 일을 한다 해도 그 일은 대개 보상과 평가로 이어진다. 순수하게 여성을 배려하려는 차원에서 힘들다고 여겨지는 일에서 제외했다고 해도, 보상을 얻을 기회로부터 배제되는 결과를 낳는다는 점은 같다. 남성이 주로 맡게 되는 '눈에 띄는 일'이 실제로 더 힘든 일이든 그렇지 않든, 확실한 건 남성은 상대적으로 인정이 돌아오는 일을 하고 여성은 강도와 관계없이 눈에 잘 띄지 않는 일을 많이 하게 된다는 점이다.

　　　　모든 여성의 야망이 크지 않을 수는 있어도, 여성이 승진하지 못하는 것은 야망이 없고 일을 덜하기 때문이라는 말은 틀렸다. 더구나 이것이 생물학적 특성이라는 주장은 터무니없다. 여성과 남성은 오로지 성별 때문에 기회가 될 만한 일에 대한 접근도가 달라진다. 그런 환경 속에서 주어진 일들을 해나가면서 여성이 제 손으로 자신의 야망을 줄이고 타협하는 동안 남성은 오히려 있지도 않던 야망을 갖게 되거나, 구조적 격려 속에 생전 가져본 적 없던 리더십을 발휘하는 사람이 되기도 한다.

야망이 삶에서 필수적인 요소는 아니라 해도, 승진에 중요하게 작용함으로 인해 임금에 큰 영향을 미친다면 다음과 같이 질문해야 한다. 여성이 일에서 차별을 경험하지 않았다면 갓 입사한 여성은 자신의 승진 가능성을 어떻게 평가했을 것이며, 얼마큼의 야망을 가졌을 것인가? 혹은 성별에 따라 기회가 지금과 반대로 주어졌더라면, 노력에 따르는 평가가 반대로 나타났더라면 여성과 남성은 일터에서 어떤 지위를 점하고 있을 것인가?

에스컬레이터 앞에 서기까지, 여성과 남성은 차별을 겪는다. 그리고 에스컬레이터 앞에서 여성은 자신 앞에 있는 것은 에스컬레이터가 아님을, 멈춰 있는 계단임을 알게 된다. 어느 순간 엘리베이터를 타고 단숨에 올라갈 기회를 얻게 되는 남성들을 논외로 하더라도, 여성과 남성은 같은 층에 도달할 확률 자체 그리고 그를 위해 요구되는 능력이 확연히 다르다. 이 점을 고려하면, 여성이 자신의 분실임금을 헤아리기 위해 비교해야 할 대상은 자신과 동일한 직급에 있는 남성이 아니다.

동일 직급
기울어진 바닥

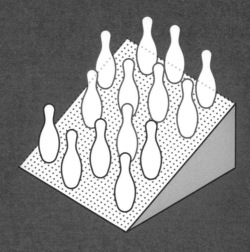

멈춘 에스컬레이터를 뛰어 올라 가까스로 다음 층에
도착했다. 그런데 높이가 임금을 의미하는 이곳에서,
바닥이 비스듬하게 기울어져 있음을 확인할 수 있다.
그리고 낮은 쪽에 모여든 이들은 주로 여성이다.

다른 임금

제정된 지 올해로 30년이 되는 남녀고용평등법이
1987년 세운 원칙 중 하나는 '동일가치노동에 동일임금을
준다'이다. 그런데 이 원칙은 여전히 제대로 지켜지지
않고 있다. 여전히 여성은 더 적은 임금을 받는다.
동일한 직급에서 발생하는 임금 차이에 대해서는 고용
형태와 직종을 막론하고 수많은 일화가 존재하는데, 이
일화들에서 일관되게 느낄 수 있는 건 남성이 돈을 더
받아야 한다는 주장으로 인해 반사적으로 여성이 부당
대우를 받을 뿐 아니라 여성과 남성이 같은 몫을 받지
않지 않도록 일부러 차이를 두는 듯하다는 점이다. 한국
사회에서 임금격차를 만드는 다양한 원인 중 가장 큰
비중인 60퍼센트를 차지하는 이유가 정말로 '그냥'이라는
연구 결과도 있다.[1]

　　　동일한 노동에 대해 평등한 임금을 줄 의무를
법으로 제정해두었는데도 굳이 위법을 하면서까지 남성의
몫을 크게 하는 결정을 내리는 일은, 그것만 따로 떼어서는
절대로 온전히 이해할 수 없다. 부당한 결정에 맞서기
위해서는, 어딘가에서 오늘 있었던 결정을 오직 오늘의
상황이 좌우한다고 생각하는 대신 연속적인 과정으로
파악해야 한다. 한 사회에서 구성원들이 내려온 각각의
결정은 구성원 간에 통용되는 하나의 문법으로 굳어져
오늘의 결정에 영향을 준다. 이것은 제도가 바뀌어도

금방 완전한 효력을 발휘하지 못하는 이유이지만, 동시에 제도가 중요한 이유이기도 하다. 제도는 내버려두면 끝없이 재생산되고 강화되었을 어떤 잘못된 경향으로부터 우리를 단절하고, 또다시 무작정 관습으로 회귀하려는 움직임을 제지할 근거를 마련한다.

　　　　법이 보장하는 '동일노동 동일임금' 원칙이 지켜지기까지는 아직 많은 장벽이 있다. 지금까지 살펴봤듯 여성의 진급에 까다롭고 남성의 진급에 관대한 사회 분위기나, 이미 대부분 남성인 고위직 인사들이 남성을 선호하고 발탁하는 등의 문제도 분명 있다. 그런데 여성의 경제적 성취를 방해하는 것은 이런 차별적 사회와 완고한 남성들만이 아니다. 여자와 남자가 있을 때, 여성들 역시 남자에게 더 번듯한 대우가 돌아가야 할 것만 같은 마음을 갖는다. 심지어 그 대상이 자기 자신인 경우에도 그렇다. 한 심리학 실험이 이를 입증한다.

　　　　실험의 룰은 이랬다. 10달러 중 상대에게 나누어줄 금액을 제안하고, 상대가 받아들이면 거래가 성사되어 서로 합의한 돈을 가질 수 있고 거절하면 둘 다 돈을 가질 수 없다. 실험 결과, 남성은 파트너가 남성일 때는 상대에게 평균 4.73달러를, 여성일 때는 4.43달러를 제안했다. 여성은 파트너가 남성일 때에는 5.13달러를, 여성에게는 4.31달러를 제안했다. 여성 자신이 제안하는 입장임에도 자신이 덜 갖기를 선택한 것이다.[2] 한정된 자원을 남성과 나눠 갖는 상황이 아닌 때에도 여성은 자신의 보수를 낮게 예상한다. 영국의 대학원생 5000명을 대상으로 조사한 결과, 여성이 자신이 받으리라고 예측한 임금 수준은 남성보다 17퍼센트 낮았다.[3] 또한 임금이 협상 가능하다는 점을 분명하게 명시하지 않은 상황에서, 여성은 낮은 임금에도 일할 용의를 보이고 남성은 높은 임금을 선호한다는 연구 결과도 있었다. 해당 연구에서는 임금이 협상 가능하다는 것을 아는 순간 성별 차이가 사라졌지만, 실제 협상에서 이런 심리적인 차이는 여성이 높은 연봉을 받기 어렵도록 만든다.[4]

월급이나 연봉은 외부의 강제로만 결정되지 않으며 임금노동자 본인의 예상과 선택도 어느 정도 영향을 미친다. 10달러를 나눠 갖는 앞의 실험에서 사람들은 자신의 의지대로 자신의 몫을 정할 수 있었다. 그러나 개인은 언제나 자신이 몸담은 사회의 일부다. 우리 사회는 여전히 담대하게 권리를 주장하며 자신의 능력을 적극적으로 어필하는 여성을 부정적으로 보고, 스스로를 깎아내려서라도 공을 남에게 돌리며 겸손한 것을 여성의 자연스러운 미덕으로 여긴다. 여성은 자신이 얻게 될 보상에 대한 결정을 내리는 순간이라 해도 이런 인식에서 결코 자유로울 수 없다. 임금 협상 자리에서 당당한 태도로 일관한 여성에게 돌아오는 답이 "여자가 그만한 돈을 어디다 쓰게?"였을 때, 그 여성은 이후 비슷한 순간에 같은 태도를 유지하지 못할 수 있다. 즉

성차별적 인식은 정당한 요구가 받아들여지지 않는 일에
더해, 여성이 스스로의 급여를 쟁취할 기회를 스스로
놓아버리는 결과를 연쇄적으로 낳는다. 결국 여성의
평균 급여가 낮아지고, 이는 다시 이 경향을 재생산한다.
여성 노동자가 본인이 받아야 할 정당한 급여를 추산할
때 다른 여성들의 평균적인 급여를 참조점으로 삼게
되기 때문이다. 이렇듯 여성이 낮은 임금을, 남성이 높은
임금을 받는 게 자연스럽게 받아들여지는 사회의 문법을
벗어나기란 결코 간단치 않은 문제다.

　　　　회사에서 자기 평가를 하는 시기에 '또 반성문
써야겠네'라는 혼잣말을 하는 쪽은 여성들이다. 자기
평가가 임금에 영향을 미친다는 걸 알면서도 그렇다.
겸손함, 자기 반성, 양보처럼 여성에게 권장되어온 미덕은
하나의 태도에 불과해 보이지만 스스로의 성과를 낮게
평가하게 하고, 받아야 할 보수를 요구할 때 머뭇대게
한다. 이는 경제력에 타격을 준다. 그리고 이 문제는
입사 시점 이후의 연봉 조정에 계속해서 관여함으로써
결과적으로 여성과 남성이 받는 임금의 격차가 점점 더
벌어지도록 한다.

　　　　일에 대한 대가를 그때그때 스스로 결정하는
프리랜서에게서도 여성이 남성보다 낮은 금액을 받는
상황은 빈발한다. 스스로 마음 편하게 제시할 수 있는
금액 자체가 남성에 비해 낮다. 그리고 일을 맡기는 쪽도
그럴 것으로 기대한다. 높은 금액을 제시했다가 일을

받지 못하게 되는 상황을 피하기 위해서는 동종업계의 여성이 유사한 자기검열 과정을 거쳐 스스로의 보수를 책정할 것임을 고려하지 않을 수 없다. 협상할 때 더 높은 금액을 제시해야만 보수가 보다 높은 선에서 책정된다는 걸 알면서도 선뜻 그렇게 행동하기 어려운 상황인 것이다. 여성이 스스로의 임금을 낮게 부르는 것은 떼어놓고 보면 비합리적으로 느껴질 수도 있지만 이런 관계를 고려하면 실질적 근거를 지닌 결정이다. 상호작용을 통해서 의사결정을 할 때 상대의 반응에 따라 효용을 극대화하는 전략을 찾아야 한다는, 게임이론 법칙에 입각해서도 그렇다.

"나 스스로한테 화가 나. 돈 얼마 놓고 싸우고 싶지 않아서 내가 너무 일찍 포기했어. 협상하면서 무례하거나 버릇없게 보이기 싫었는데, 남자들은 이런 걱정을 하질 않네." 배우 제니퍼 로런스가 자신이 받고 있던 임금 차별에 대해 알게 된 뒤 친구에게 심경을 털어놓은 이메일의 일부다.[5] 할리우드 톱 배우인 그가 여성이기에 해야 했던 고민과 심리 상태가 드러나 있다. 그리고 그의 말은 사실이었다. 영화 「맨 오브 스틸」의 남주인공 헨리 카빌은 잡지 인터뷰에서 영화를 찍는 이유를 물었을 때 공공연히 "민감한 이야기긴 하지만 솔직히 돈을 빼놓을 수 없다. 예술만을 위해 작품을 찍는 게 아니라 돈을 벌고, 그것을 사용하며 윤택한 생활을 영위하는 데 필요하다"고 말했으며 이전에도 작품이

흥행해 많은 수익을 챙겼으면 좋겠다고 말한 적이 있다.[6] 그의 발언은 솔직하고 현실적인 것으로 여겨졌으나, 제니퍼 로런스는 실제로 드러난 차별에 문제 제기를 하는 순간에도 "성격이 까다로운 사람처럼 보일까 봐" 말을 고르는 데 몰두해야 했다고 스스로 밝혔다.

할리우드 이야기를 조금 더 하자면 2017년인 올해, 전 세계에서 가장 많은 출연료를 받은 여성 배우는 엠마 스톤이다. 2016년 6월부터 2017년 6월까지 한화로 약 295억 원을 벌었다. 그런데 엠마 스톤은 영화 「라라랜드」에서 주연이었음에도 같은 영화에 출연한 다른 남자 배우들보다 적은 돈을 받을 뻔했다. 스톤은 이에 항의했고, 남배우들은 그들의 출연료를 엠마 스톤과 동등한 수준으로 삭감하는 데 동의했다.[7] 이 영화가 아카데미영화제에서 받은 상은 여우주연상이었지만, 그 주연 여배우는 더 낮은 수준의 출연료를 받을 뻔했던 셈이다.

엠마 스톤이 출연료 1위를 차지하기 전까지 1위였던 여자 배우는 바로 제니퍼 로런스였다. 그런데 그는 전 세계 배우 평가에서 2년 연속으로 1위를 차지했음에도, 같은 평가에서 5위에 오른 남자 배우 드웨인 존슨보다 무려 207억 원이나 적게 받았다. 물론 영화배우의 개런티란 결정되는 근거가 아예 없지는 않으나 철저한 기준이 있는 것도 아니다. 그러나 할리우드에서 출연료 대비 흥행 성적이 좋은 배우 5명 중 상위 4명이 전부 여성이었다는 사실을 보면 할리우드라는 특수한 직장에서도 차별적인 잣대가 강력하다는 것은 충분히 알 수 있다.[8] 북미 지역에서 흥행 기록을 세운 영화 「원더우먼」에서 원더우먼으로 출연한 갤 가돗은 30만 달러, 한화 약 3억4000만 원 상당의 출연료를 받았으며 다른 두 영화도 각각 같은 금액으로 계약해 흥행에 따른 인센티브는 없었다. 즉 세 편 출연료는 총 90만 달러. 그러면 「맨 오브 스틸」의 헨리 카빌은? 한 편으로 160만 달러를 받았다.

헨리 카빌의 개런티가 결정되기까지는 인터뷰에서의 그의 태도가 소신 있고 솔직하다고 평가받는 인식 구조, 주변 남성 동료들의 급여 수준, 그를 기반으로 배우 본인이 협상에서 보이는 태도가 영향을 미쳤을 것이다. 이것이 제니퍼 로렌스가 갖지 못한 자원이다. 그는 단순히 손에 거머쥐게 될 돈의 액수를 고려하기에 앞서 그것을 위해 무릅써야 할 것들을 생각해야 한다. 일반적으로 여성에게 기대되는 태도에서 벗어나 직설적으로 협상에 나섰을 때 자신에 대해 부정적으로 퍼지게 될 소문, 그에 따라 혹시라도 다시 섭외가 들어오지 않을 가능성, 그에게 역할이 주어지지 않는다면 그의 자리를 대신할 배우들이 요구할 급여의 수준까지. 이런 것들을 고려하면 여성이 남성과 같은 협상의 태도를 갖는 데 어려움을 느끼는 것은 자연스럽고 타당한 일이다. 그러니 이것은 제니퍼 로렌스에게 말

그대로 불리한 게임이다. 이 사례에서도 볼 수 있듯 여성과 남성의 협상 태도에는 개인의 성격 이상으로 크게 영향을 미치는, 사회적 요인이 존재한다.

그렇다면 이 불리한 조건은 바꿀 수 없는 것일까? 이 책을 쓰기 시작하면서 주변 여성들에게 임금격차에 대한 생각을 물었다. 이때 가장 많이 들은 말은 서로의 연봉을 모르기 때문에 사실 남성 동료가 자신보다 많이 받는지는 모르겠다는 것이었다. 그들은 도움이 되지 않아 미안해했지만 정작 이 말에는 문제 해결의 핵심이 담겨 있다. 정보가 부족하면 좋은 결정을 하기 어렵다. 반대로 말하면 정보가 많을수록 나은 결정을 할 수 있다.

최근 영국 공영방송 BBC가 임금을 차별해왔다는 사실이 논란이 됐다.[9] 여성 중 가장 급여를 많이 받은 방송인의 연봉이 남성 1위 연봉의 20퍼센트에 해당했기 때문이다. 이 이야기를 할 때마다 모두가 잘못 알아들었으므로 미리 강조하는데, 여성 1위가 남성 1위보다 20퍼센트 적게 받은 게 아니라 남성 급여의 20퍼센트를 받았다. 이 사실은 정부가 연봉이 15만 파운드(약 2억3000만 원)보다 많은 BBC 소속 방송인에 한해 급여 내역서를 공개하도록 하면서 밝혀질 수 있었다. 그렇지 않았다면 영영 알 수 없는 일이었다. 제니퍼 로런스가 자신의 급여에 대해 항의할 수 있었던 것도 우연한 해킹 사태로 인해 출연진의 개런티가 누출되어서였다.

돈에 대해 이야기하기를 꺼리기로 유명한 독일에서도 같은 이유로 동일 직급자의 월급을 알 수 있게 하는 '임금정의법'을 추진하고 있다. 보도 기사에 따르면 '피고용인 200명 이상 사업장은 여성 직원이 요청할 경우 직급이 같거나 대등한 남성 직원 다섯 명의 임금을 익명으로 알려줘야 한다. 만약 이 다섯 명이 여성 직원과 같은 일을 하거나 대등한 실적을 냈는데도 임금이 더 높을 경우, 여성 직원은 이 다섯 명의 평균 월급에 준하는 인상을 요구할 수 있다'는 것이 법의 주요 골자다.[10] 목적은 정보를 제공함으로써 임금 차별을 해소하는 것이다.

남성중심주의가 만연한 사회에서 여성은 여러 이유로 더 높은 급여를 달라는 제안을 하기 어렵다. 그렇다고 해서 이들이 같은 일을 하는 남성에 비해 자신이 마땅히 적은 돈을 받아야 한다고 생각하는 것은 아니다. 적어도 오늘날의 여성들에게는 남성이 가장이며 경제적으로 우대받아 마땅하다는 근거가 설득력을 잃어버렸다. 그러니 더 많은 정보를 얻을 수 있다면 같은 층에서 자신이 잃어버린 임금만큼은 금세 찾아낼 수 있다. 다양한 나라에서 임금공시제와 같은 제도를 추진하려는 이유이기도 하다.

이렇듯 성별임금격차의 어떤 부분은 정책으로 가시화할 수 있으며, 제도적 해결법을 고안하는 것도 가능하다. 때문에 급여를 받는 당사자인 여성에게 더 당당한 태도로 정당한 임금을 요구하라고 말하기에

앞서 이를 어렵게 하는 현실적 여건들을 살피고
문제를 풀어나가는 것이 중요하다. 거대한 임금격차가
실존하는데, 이것을 거듭 악화시키고 심지어 스스로가
차별받고 있다는 사실을 알 수 없게 만드는 요인은
무엇인가? 잃어버린 임금을 찾고자 한다면, 출발선에서
이미 성별 때문에 확보하지 못한 자원이 무엇인지부터
물어야 한다. 그래야 게임 시작 전후로 얼마를
잃어버렸는지 가늠할 수 있다. 예를 들면 이와 같이
물을 수 있다. 여성이 게임을 시작할 때 더 많은 정보를
확보했더라면, 사회가 남성에게 더 관대하지 않다면,
여성에게 돈 이야기를 할 때 수줍어하고 겸손할 것을
기대하지 않는다면, 여성은 얼마를 요구할 수 있을 것이며
해당 요구가 받아들여질 가능성은 얼마나 높아졌을까?

　　　사람의 노동에 대한 가치는 노동의 내용뿐
아니라 그가 사회에서 받는 대우에 따라 정해진다. 그리고
그 가치는 하루아침에 정해지지 않는다. 고공농성이라는
말은 한진중공업의 인원 감축에 반대하기 위하여
300일이 넘는 시간 동안 35미터 높이의 크레인 위에서
농성을 벌였던 최초의 여성 용접공 김진숙을 떠올리게 할
것이다. 그런데 최초와 여성이란 그전부터 고공농성과
연이 깊은 단어다. 우리 역사상 최초의 고공농성을 했던
것도 또 다른 여성이었다. 1930년대 평양 고무공장에서
안 그래도 적은 조선인의 임금이 삭감될 위기에 놓였다.
이때 강주룡이라는 여성이 죽음을 불사하고 홀로 약

12미터에 달하는 을밀대 지붕에 올라가 투쟁했다. 당시 조선인 여성은 조선인 남성의 절반에 해당하는 임금을 받았고, 조선인 남성은 일본인 남성의 절반을 받았다. 우리에게 주어지는 대우와 그에 따른 투쟁은 이렇듯 오랜 과거부터 찾을 수 있다.

만일 여성에게 제값을 주지 않는 해묵은 관행이 처음부터 없었더라면, 오늘날 급여를 받는 당사자의 행동만큼이나 급여를 주는 쪽의 행동도 달라졌을 것이다. 지금의 행동은 해묵은 관행들이 형성한 사고방식에 크게 좌우된다. 상호작용을 하는 상대가 여성이 제시한 스스로의 보수에 괘씸한 기분을 느끼는 일이, 우리에게서 얼마만큼의 임금을 사라지게 만들었을까?

다른 지출

앞에서 잠시 언급하고 지나갔는데, 임금을 협상할 때 여성은 때로 이런 말을 듣게 된다. "여자가 그만한 돈을 어디다 쓰게?" 이해하기 어렵지만, '가정을 부양해야 하기에' 남성에게 경제력이 중요하다는 논리를 뒤집어 적용하면 이 말에 숨은 의미는 다음과 같을 것이다. 기혼 여성은 부양자인 남편이 있기에 돈이 많이 필요 없고, 독신 여성이라면 부양할 가족이 없으므로 많은 돈이 필요치 않다.

남성 가장이라는 통념이 이미 우리 사회에서 유효하지 않다는 것은 이미 말했다. 그럼에도 현실과 무관하게, 승진 대상자를 결정하는 시점에 독신 여성은 돈을 쓸 일이 많을 남성이 승진해야 한다는 점을 이해하고 양보하도록 요구하기에 가장 좋은 대상이 된다. 그리고 남성 생계부양자 모델은 승진 시점의 남성에게만 적용되는 것이 아니라는 점에서 훨씬 문제적이다. 남성을 가장으로, 여성을 피부양자로 두는 이 얄팍한 사고에 따르면 남성은 가장이거나 가장이 될 수 있기에, 같은 일을 해도 남성은 여성보다 돈을 더 받아 마땅하다. 동시에, 여성은 남성보다 돈을 덜 받아도 된다.

영화인들의 대담 자리에서 박현진 감독이 한 말에 따르면 독신 여성 영화인들이 제일 많이 듣는 말은 "시집가면 되지"다.[11] 이 세계가 한 여성의 삶을 책임지는 데 필요한 돈을 어떤 미지의 남성 생계부양자에게 주고 있다는 소리를 당당하게 한다. 이때 독신 여성이 기혼 남성과 같은 돈을 요구했을 때 직간접적으로 듣는 소리가 바로 "네가 돈 쓸 데가 어디 있다고?"다. 그러나 당연히, 가장 타당하고 가장 효과적인 지급 원칙은 한 사람의 생계에 필요한 돈을 그 사람에게 주는 것이다.

여성은 가장이 아니며 따라서 돈 쓸 데가 없다는 말은 이미 전제부터 결론까지 모두 틀렸지만, 조금 다른 각도에서 이 문제를 더 살펴보자. 남성에 비해 여성이 살아가는 데 돈이 정말 덜 필요할까? 그 반대다. 여성은 살아가는 데 명백하게 돈을 더 많이 써야 한다. 우선 생계에서 가장 중요한 비중을 차지하는 주거 비용을 생각해보자. 혼자 사는 여성이 집을 구할 때, 아무리 가격이 싸고 공간이 넓다고 하더라도 여성은 치안 때문에 주거지 선택이 명백히 제한된다. 채광이나 습기 같은 쾌적함을 위한 조건 때문이 아니라, 오직 안전을 위해 실평수나 위치가 좋은 반지하 방을 포기하기도 하고 웃돈을 얹어서라도 여성 전용 오피스텔이나 여성 전용층을 선택한다. 각자의 경제 상황에 따라서 최종적으로 선택하게 되는 집의 조건은 다르겠지만, 집을 고를 때 따져야 할 여러 조건 가운데 여성만이 포기해야 하는 선택지는 애초에 정해져 있다. 여성이 포기하는 것은 항상 공간과 여분의 돈이다. 목숨을 포기할 수는 없기 때문이다. 이는 여성만이 일생 부담해야 하는 치안 비용이라고도 할 수 있다. 여행을 할 때도 비슷하다. 여성은 어떤 곳을 선호하느냐와는 별개로, 같은 예산으로 외진 숙소에 묵거나 노숙을 하는 대신 차라리 여행 기간을 줄이거나 목적지를 바꾸게 된다.

　　　이렇게 치안을 위해 주거 비용의 부담을 더 떠안은 경우에도, 혼자 사는 여성을 타깃으로 하는 범죄는 끊이지 않는다. 문틈으로 쪽지를 밀어 넣거나, 한밤중에 문을 두드리거나, 택배나 음식 배달원이 여성 혼자 산다는 사실을 알고 어느 날 불쑥 침입하거나,

집주인이거나 집주인의 손자거나 아무튼 어디선가
나타난 사람이 방 안에 몰래카메라를 설치한다. 이는
최근 트위터상에서 페미니즘 담론이 활발해지면서
'#이것이_여성의_자취방이다'라는 해시태그를 달고
나왔던 이야기들로, 전부 다 실제로 있었던 일이다.
동국대 경찰행정학과 남교수인 곽대경은 여성 1인 가구를
대상으로 한 범죄를 막기 위해 "소규모 원룸 지역이라면
본인이 비용을 지불해서라도 CCTV를 설치하는 게 가장
확실한 방법"이라고 말한다.[12] 즉 시민의 치안에 필요한
비용을 여성 개인이 직접 부담해야 한다는 것이다. 실제로
여성들은 CCTV뿐 아니라 도어락을 바꾸어 달고, 혼자
배달 음식을 시켜 먹을 때를 대비해서 현관에 남자 신발을
사다 놓기도 한다. 여성들 사이에는 창문에 설치하는 방범
장치와 호신 도구를 구입하는 팁이 공유된다.

　　　　　싱글 여성의 이미지는 결혼하지 않은 젊은
여성들이 문화예술 분야에서 구매력을 행사하며 삶을
즐기는 화려한 모습으로 자주 묘사되지만, 이 이미지
뒤에는 많은 것이 감추어져 있다. 1인 가구 여성들은 주거
환경을 선택할 때부터 남성에 비해 제약을 겪어놓고도
주거 불안에 시달려야 한다는 공통점이 있다. 또한 한국의
여성 1인 가구라고 하면 '결혼하지 않은 젊은 여성'으로
흔히 이미지화되지만, 현재 260만 가구에 달하는 여성
1인 가구 중 43퍼센트가 60세 이상이다. 이들은 비혼,
이혼, 사별 등 각각의 이유로 혼자 사는 여성들이겠지만,

일생 동안 같은 조건의 남성에 비해 돈을 덜 받고 살아왔다는 점은 공통될 것이다. 이들 중 80퍼센트가 한 달에 100만 원 이하를 번다. 이 비율은 여성 1인 가구 전체로 확대해도 57퍼센트나 된다.[13]

어쨌든 이토록 열악한 수입을 딛고, 여성들은 여성이기에 써야 하는 지출을 안고 가장으로서 살아가고 있다. 치안 비용뿐만이 아니다. 여성용으로 출시된 제품은 늘 더 비싸다. 이런저런 상품과 서비스를 살펴보면, 이 사회는 남성이 기본으로 설정되어 있고 여성용은 거기에 추가된 하나의 옵션처럼 비용이 추가되는 것을 알 수 있다. 어떤 제품이나 서비스가 여성용이라는 것은 그 자체로 프리미엄을 붙여도 되는 이유가 된다. 여성용 제품을 '기본형인 남성용'에서 부가적으로 제작한 특별 상품으로 취급하는 게 아니고서야 이런 현상이 있을 수 없다. 또 흥미로운 것은 원래부터 여성을 주 타깃으로 삼은 산업에서는 나중에 추가된 남성용 옵션이 더 싸다는 점이다. 예를 들어 한 호텔 스파 프로그램을 보면, 기본 프로그램에 더해서 생긴 남성용 프로그램은 기본 시간 단위가 짧고 더 싼 서비스를 제공한다.

캐나다, 프랑스, 호주 등지에서는 이렇게 여성이 사용하는 용품이나 서비스에 매겨지는 추가 요금을 '핑크택스'라고 이름 붙이고 이를 철폐하기 위한 운동이 있었다.[14] 만일 캐나다에서 여성과 남성이 여성용과 남성용인 점만 다른 '바지 1벌, 날이 3개

포함된 일회용 면도기 1개, 데오도란트 1개, 향수 1병, 세탁 1회, 커트 1회'를 이용하려면 여성은 287.33달러, 남성은 203.44달러가 든다.[15] 심지어 이때 구매하게 되는 데오도란트는 가격은 같지만 남성용 제품의 용량이 여성용의 2배다. 화장품의 경우 여성용과 남성용이 성분이 같았는데, 성분이 조금 추가되거나 병의 장식에 공을 들였다는 이유로 같은 브랜드 제품이라도 여성용의 가격이 높은 경우들이 있었다. 여성은 원하지 않는 성분이나 장식을 추가 비용을 내고 구입하고 있는 셈이다.

그리고 여성용 제품은 남성용과 가격이 같을 경우 질이 현저히 떨어진다. 혹은 가격이 비싸고도 질이 떨어지기도 한다. 팬티를 예로 들자면 여성용 팬티는 생필품이라는 생각으로 만들어지지 않은 것 같다. 다리가 길어 보이는 제품이라는 홍보 문구부터 시작해서 비닐 같은 재질 하며 몸을 충분히 감싸지 않는 크기까지. 한국의 여성들은 가격보다도 여성용 제품의 품질에 분개하고 있다. 이에 항의하며 몇몇 여성은 남성용 팬티를 입었다. 그러고 나서 그들은 여성용 팬티를 입지 않은 것만으로 생활의 질이 올라갔다고 말하기도 했다.[16] 품질의 문제뿐만이 아니다. 여성복 사이즈는 작고 마른 체형을 기준으로 맞춰져 있으며, 생필품인 생리대에서 독성 물질이 나왔지만 제대로 조사되지 않았다. 여성은 살아가는 데 더 많은 돈을 들이고, 더 나쁜 질을 감수해야 한다.

또 여성은 똑같이 직장에 가도 남성은 쓰지 않는 고정 지출을 감수해야 한다. 꾸며야 하기 때문이다. 최근 CGV에서 영화관 직원에게 일터에서 해야 할 화장을 정해준 일이 있었다.[17] "눈썹은 또렷하게, 반드시 생기 있는 피부화장을, 입술은 윤기 나게, 빨간색 립스틱은 필수." 기초화장을 빼고도 소모품인 아이브로우, 파운데이션, 립글로스, 립스틱이 필요하다. 만일 화장을 하지 않는다면 벌점을 받는다. 물론 같은 일을 하는 남성에게는 화장이 요구되지 않았다. 이런 명시적 강요가 없는 경우라도 여성의 용모를 채용 기준에 넣거나 채용 후에도 여성 직원에게만 복장이나 외모 지적을 하는 회사는 흔하다.

여성이 아마 일생 감당해야 할 치안 비용, 여성용 제품에 붙는 추가 프리미엄 비용, 사회가 일상적으로 강요하는 꾸밈 비용 등, 이 모든 데에 여성은 여성이라서 돈을 쓴다. 이는 개인의 취향이나 선택 이전의, 오직 생존을 위한 '기본'을 맞추기 위한 돈이다. 이런 사회에서 "네가 돈 쓸 데가 어디 있냐?"라는 기가 막힌 질문은 혹시 여성이라서 써야 하는 이 지긋지긋한 비용을 청구하라는 뜻이 아닐까? 그러므로 시간이 난다면, 각자 한번 따져보기로 하자. 이 사회에서 여성이 생존을 위해 더 써야 하는 지출을 고려한다면, 얼마나 더 받았어야 남성과 동일한 선상에서 기본을 맞추게 되는가?

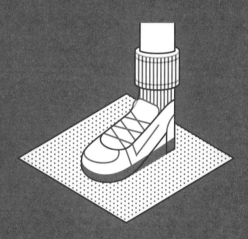

같은 구간에서 열심히 나아가는 이들을 살피다가 뭔가를
발견했다. 여성과 남성이 신고 있는 신발이 다르다.
그리고 여성의 양 발에는, 모래주머니가 달려 있다.

불평등은 성별 때문에만 일어나는 건 아니다. 계급, 학력, 지역, 장애 여부 같은 다양한 요소도 작용한다. 그러나 성별에 따른 불평등은 모든 남성이 모든 여성보다 많은 경제력을 거머쥔 상태에서만 이야기할 수 있는 게 아니다. 같은 계급에서, 같은 학력에서, 같은 지역에서, 같은 고용 형태에서, 여성에게 돌아오는 기회가 한 번 더 적어지고 또다시 불이익이 더해질 때 불평등을 말할 수 있다. 현재 우리 사회에서 성별은 능력이 없는 쪽에게 보상을 줄 뿐 아니라 능력을 키울 기회를 다르게 부여하는 차이를 만들어낸다. 기회의 차이는 여성에게 더 많은 노력을 하게 하고, 그 결과 죽도록 노력해 높은 자리에 오른 여성들은 동일 직급의 남성들보다 대단히 화려한 능력치를 보인다. 이는 앞서 한 이야기이고, 이번에는 조금 시선을 돌려, 직장 밖으로 나가보려고 한다. 직장을 다니는 남성과 여성, 그들은 일 외적으로 각각 어떤 여건에서 살아가고 있는가?

가사노동

일단 여성은 직장 바깥에서도 오래 노동한다. 한국은 OECD국가 중 노동 시간이 2번째로 길고, 그리고 여성과 남성의 가사 분담률은 최악이다.[1] 통계청 자료에 따르면 남편이 외벌이를 하는 가정에서 여성의 일일 가사노동 시간은 평균 6시간, 남성은 46분이었고 맞벌이 가정에서도 여성은 3시간 13분, 남성은 41분이었다. 가사는 기본적으로 삶을 유지하기 위해 필수적인 재생산노동이고, 상당 부분 스스로가 아니면 할 수 없는 노동이다. 함께 사는 구성원끼리 분업을 할 수는 있겠으나, 남에게 내 대신 이를 닦고 세수를 하라고 할 수 없는 것처럼 변기를 더럽히지 않고 머리카락을 줍고 양말을 세탁기에 넣는 일도 그렇다. 외벌이든 맞벌이든 그런 부분까지 타인이 대신할 수는 없다. 그런데 이 일이 실제로 일어난다.

그리고 그 대신하는 타인은 늘 여성이다. 남성은 '집안일이 여성의 일'이라는 말에 기대어 스스로의 생존에 필수적인 노동을 여성에게 전가하고, 여성은 명백히 타인의 몫이어야 할 노동을 대신 한다. 실제로 노동할 뿐 아니라 여성은 필요한 가사의 총량을 파악하고 분배하는 관리자 역할까지 여지없이 도맡는다. '나도 시키면 잘한다'고 으스대는 남성에게 무엇을 얼마큼 할당해주어야 할지 고민하는 일은 당연히 가사노동 시간으로 집계되지조차 않지만, 엄연한 노동이다. 여성이 돈을 덜 벌어오기 때문에 가사노동으로 가계에 기여해야 한다고 이야기하기에는 여성의 소득을 구조적으로 줄이고 성과를 낮게 평가하고 보상을 가로채는 일이 너무 많이 일어난다. 게다가, 여자가 더 버는 경우에도 가사노동은 여성의 몫이다. 여자만 취업한 가정에서도 아내의 가사노동 시간은 2시간 39분, 남편은 1시간 39분이다. 불공평한 가사 분담은 여성과 남성의 수입 차이가 아니라, 집안일이 여성의 몫이라는 생각에서 온다.

노동 강도가 워낙 높은 사회이기 때문에 직장인은 늘 힘들고, 퇴근 후에도 사회생활을 하다 보면 집안일을 할 여력이 도저히 없다는 것은 어쩌면 사실일 것이다. 돈벌이에 종일 시달리고 지쳐 퇴근한 가장의 이미지가 그려진다. 그러나 맞벌이가 일반적인 한국에서, 여성은 쉴 수 있는가? 여성의 가사노동 시간은 5년 동안 겨우 3분 줄었고, 남성의 가사노동 시간은 딱 4분 늘었다. 여성이 직장에서 노동하는 시간은 평균적으로 남성보다 조금 더 적지만 매일매일 3시간 13분 이상 가사노동에 에너지를 쓴다.[2] 그동안 집에 돌아온 남성은? 쉰다.

이와 같이 가사노동이 불평등하게 분배되는 문제는 그 자체로도 옳지 않을 뿐 아니라, 임금노동자로서의 여성의 생산성에도 영향을 준다. "여성에게도 아내가 필요하다"와 같은 말이 있는 것은, 직장인에게 가사노동이 부담이라는 사회적 동의의 반증이자 이 문장에서 재생산노동을 대리 수행하는 존재를 의미하는 '아내'가 남성 직장인만이 누리는 특권임을 환기한다. 불행히도 여성들에게는 아내가 없다. 오히려 그들은 많은 경우 남성의 가사노동까지 하면서 직장을 다닌다. 여성이 여성이라는 이유로 남성의 가사노동을 해주지 않고 오히려 남성과 같은 수준으로 이 노동을 남에게 전가할 수 있었을 때, 여성이 직장에서 더 발휘했을 능률과 만족감, 직업적 성취를 과연 환산할 수 있을까?

기혼 직장인 여성은 실제로 육체적인 피로도가 상당하고, 항상 수면이 부족하고, 스트레스 수준이 높다. 아이가 있다면 더하다. 온라인 카페에는 워킹맘끼리 서로의 수면 시간을 묻는 게시글이 많다. 워킹맘이 충분히 휴식하지 못하며 스트레스를 많이 받으리라는 건 어렵지 않게 짐작할 수 있다. 실제 조사 결과 이들의 스트레스 지수는 위험 수준으로 나타났다. 천여 명의 워킹맘 중 스트레스 지수가 5점 만점에 5점인 비율이 55퍼센트를 넘었고, 1점은 3.3퍼센트밖에 되지 않았다.[3] 가사도 그렇지만 육아는 특히나 여성의 몫이라고 여겨지기 때문에 일하는 여성은 육아에 온 신경을 쏟으면서도 죄책감을 느끼며, 일터에서는 충분히 일에 집중하지 못해서 또다시 자책한다. 그러나 그들이 이런 상황을 겪는 이유는 여성 자신이 자원을 효율적으로 유용하는 데 실패해서가 아니라 여성의 하루가 그것에 실패할 수밖에 없게 설계되어 있기 때문이다. 신체적으로, 정신적으로, 시간적으로 쓸 수 있는 자원이 모자라다. 더 아프고, 더 위축되고, 더 괴롭다. 끊임없이 소모될 뿐 충전할 수 있는 여력을 확보하지 못한다.

이런 현실에서 여성은 직장을 선택할 때에 소득

외의 노동조건을 더 고려하지 않을 수 없다. 근무 조건이 유연한지, 정시에 퇴근할 수 있는지를 따져 높은 소득을 포기하는 경우는 흔하다. 배우자와의 관계가 아니라도, 집안에 환자가 있을 때 돌봄노동의 의무를 지는 쪽도 대개 여성이다. 이때 여성은 커리어나 직장, 사생활을 포기하면서까지 헌신하게 되는 경우도 많다. 이처럼 직장 밖의 급여 없는 노동을 전담함으로써, 여성은 돈으로 따질 수 없는 많은 것을 잃는다. 물론 돈도 잃는다.

생계부양자 모델에서는 남성이 공적 영역에, 여성이 사적 영역에 위치했다. 이제 여성도 공적 영역으로 진출하게 되면, 사적 영역의 노동은 수행자를 잃는다. 이 문제에서 많은 이가 아직까지도 여성에게 '일하는 건 상관없는데 살림을 소홀히 하면 안 된다'고 말한다. 즉 공적 영역으로 나가고 싶더라도 사적 영역을 비워선 안 되며 둘 다 확실히 해야 한다는 것이다. 워킹맘의 스트레스 지수는 바로 여기에서 온다. 많은 여성이, 실제로 꼭 그렇지 않았음에도, 오로지 본인의 욕심 때문에 일을 하겠다고 나선 것만 같은 죄책감을 느낀다. 때문에 둘 다 확실히 '해내 보이겠다'고 생각한다. 그러나 비어버린 사적 영역의 노동을 해결하는 방법은 한 사람이 두 명 몫을 하는 것이 아니라 두 사람이 기본적으로 각자의 몫을 하는 것이어야 한다. 남성이 자신의 몫을 하지 않으면 사회는 무너진다. 지금 우리가 눈으로 보고 있듯이 말이다.

꾸밈노동

앞서 말했듯 여성은 직장생활에서도 '꾸밈'을 강요받는다.
이때에도 돈뿐 아니라 시간이 든다. 화장 규정을 두고
벌점을 매기는 직장이 아니라 해도 그렇다. 여성의 외모는
직업적인 능력과 연관 지어 평가되기도 하기 때문이다.
예를 들어서 잡지『코즈모폴리턴』에서는 여성의 모공이
보이면 프로페셔널하지 않다, 아이라인이 번지면
전문적이지 않아 보인다는 지적을 늘어놓았다.[4] 이처럼
여성은 프로페셔널해지기 위해서 그렇게 보이는 외모도
만들어야 한다. 프로페셔널하지 않아 보이는 몸매도 있다.
표준 체중의 여성들조차 직장에서 '살 좀 빼라, 그게 다
자기관리다'라는 말을 흔하게 듣는다. 이런 분위기에서
여성들은 다이어트 보조 식품, 건강 도시락 등을 챙기고
몸을 가꾸기 위해 시간과 돈을 들인다. 그런데 사실
여성이 프로페셔널하게 업무에 집중할 수 있기 위해서는,
일단 더 자야 한다.

더 자야 한다는 말은 농담이 아니다. 일본의 한
광고회사에서 연속으로 53시간을 근무하는 등 지독한
과로를 한 직원이 있었다. 그는 끊임없이 일했을 뿐
아니라, 그 와중에도 스스로를 계속 꾸며야만 했다.
상사에게 '눈이 충혈되면 여자답지 않다' '머리가 헝클어진
모습이 여자답지 않다' '여자로서 존재감을 드러내는 힘이
없다'는 말을 자주 들었기 때문이다. 노동자로서 과도한

업무를 하면서 여성으로서 자신을 관리하는 데 심리적, 금전적, 시간적인 자원을 투입하도록 요구받았던 것이다. 그는 압박에 시달리다 결국 사택에서 자살했다.[5]

　　일터가 여성 직원에게 여성성을 강요하는 방식에는 복장 규정도 포함된다. 여성 직원만 유니폼을 입거나 유니폼이 아니라도 여성에게만 특정한 복장을 요하기도 하고, 여성과 남성 직원 모두가 정해진 복장을 입는 경우 여성에게 요구되는 복장이 업무 생산성과 건강, 활동성을 저해하는 경우가 많다. 치마, 꼭 끼는 블라우스, 하이힐과 같은 여성의 복장은 그것을 보는 이들의 관점에서는 어떨지 몰라도, 착용하고 오랜 시간 근무해야 하는 당사자 여성에게는 불편함과 통증을 준다.

　　특히 하이힐은 사람의 발 모양이 저마다 다르기 때문에 무리 없이 신을 수 있는 사람이 많지 않을뿐더러, 장시간 신고 일하도록 만들어진 신발이 결코 아니다. 오래 신고 많이 움직일 경우 발이 변형되고 족부 질환에 걸린다. 필리핀 노동고용부가 최근 기업이 여성 직원에게 하이힐을 신도록 강요하지 못하게 하는 행정명령을 발동한 것은 이런 이유에서다.[6] 아시아 국가 중 처음으로, 필리핀에서는 이제 여성에게 1인치(2.54센티미터)를 넘는 굽을 요구할 수 없다. 쇼핑몰, 마트, 식당, 호텔, 항공사 직원이 해야 하는 업무는 각각 다르지만 여성이 무슨 신발을 신었는가와 업무가 관계가 없다는 점에서는 동일할 것이다. 혹시 하이힐이 전문적인 여성의 이미지를 만들어주기에 때로 필요하다고 느껴진다면 남성은 어떤 신발을 신을 때 전문적인 이미지가 되는지, 그것을 신은 남성이 고통을 참는지 의심해보라. 활동성의 제약을 참아내야 하는 복장과 신발이 직장인 여성의 긍정적인 이미지와 연결된 것은 무엇 때문일까?

　　　　여성에게만 불편을 감수한 여성스러운 복장과 일정 수준의 외모를 요구하는 일은 과로사한 여성의 사례에서처럼 여성을 여러 차원에서 추가적으로 소모되게 할 뿐 아니라, 고용 자체를 위협한다. 여성 직원에 대한 외모 비하는 LG생활건강 노조가 2017년 9월에 파업을 실시한 이유 중 하나이기도 했다. 해당 기업의 여성 직원들이 남성 관리자로부터 들은 말은 다음과 같았다. "살이 붙는 것은 자기 관리를 못 해서다, 여자로서의 매력이 없다, 66사이즈 이상은 우리 매장에 있을 수 없다, 살이 찌면 정규직 전환을 다시 생각해봐야겠다." 여성으로서 소위 '기준'에 맞지 않는 외모를 가진다는 것이 무엇을 위협하는지가 마지막 발언에 노골적으로 드러난다. 비록 사측이 전부 농담이라 해명하기는 했으나 일터에서 직원이 일정 수준의 용모를 갖추지 않으면 고용을 유지할 수 없다는 메시지를 받은 이상, 그리고 그것이 오직 여성에게만 적용되는 이상 이 말은 여성에게 현실적 위협이다. 여성에게 외모란 사실상 더 프로페셔널해 보이기 위한 선택 항목이 아니라, 일자리를 잃지 않기 위해 필수적인 조건에 가깝다.[7]

외모뿐만이 아니다. 여성은 직장생활 전반에서 여성성을
보일 것으로 기대된다. 승진한 이들의 일화에 '죽도록
노력하라'만큼 빠지지 않는 말은 '특유의 여성성을
이용하라'다. 여성으로서의 부드러운 카리스마, 엄마 같은
따뜻함, 여성만의 소통 능력 같은 것 말이다. 그런데 이
여성성을 너무 강조해도 안 된다. 일터에서 여성적이라는
것은 때로 업무에서 무능력하다는 뜻이기 때문이다.
그래서 일하는 여성은 기대되는 여성성을 발휘하는
동시에 자신이 마냥 여성이기만 한 것은 아님을, 남성보다
더 남성 같음을 증명해야 하는 이중 과제를 떠안는다.

　　　　　이를 수행하기 위해 필요한 노력은 전부 직무
외적인 것이지만, 애써 여성성을 발휘한다 해도 얻을 수
있는 건 딱히 없다. 많이 웃고 살갑게 말하고 분위기를
밝게 하기 위해 노력할 때, '여자가 딱딱하다'며 눈에 나는
일을 피할 수 있는 정도일 것이다. 잃을 수 있는 것은
많다. 알게 모르게 쉽게 여겨지거나 업무만으로 평가받지
못하거나, 자칫하면 직장 내에서의 평판, 나아가서는
일자리 자체를 잃게 되기도 한다. 관련된 연구도 있다.
여성이 직장에서 성공하려면 의무적으로 호감을 사야만
한다는 것이다. 호감을 사기 위해 애써 친절을 베풀고
타인에게 공감해주는 일들은 감정노동을 동반한다. 반면
같은 연구에서 남성은? 일만 잘하면 되는 것으로 나왔다.[8]

여직원은 회사의 꽃이다, 치마 좀 입어라, 너는 어째 애교가 없다, 승무원들을 보고 배워서 너도 항상 웃어라. 나의 한 친구는 이런 상사의 요구를 받아들이지 않아 상사와 암묵적인 갈등을 빚었고, 결국 회사를 나와야만 했다. 명시적으로는 '너와 회사가 잘 맞지 않는 것 같다'는 이유에서였는데, 이 회사는 상사가 타령을 하던 승무원과는 일절 상관없는 무역 업체였다. 이 친구가 다음에 들어간 직장에서는 입사 동기인 남직원이 커피를 타라고 시켰다고 한다. 여성은 여성성과 남성성을 영리하게 적절히 활용하며 분위기를 맞추는, 사실상 직무상 크게 의미 없는 행위를 하기 위해 노력을 들여야 하며 여기서 조금이라도 엇나가는 날에는 커리어를 위협하는 결과를 감수해야 한다.

오로지 성별 때문에 타인의 재생산노동을 떠맡는 일은 공정하지 않다. 여성성을 강요하는 행위는 옳지 않다. 부족한 수면과 장시간 노동은 건강을 해칠 수 있다. 전부 당연한 얘기다. 이런 문제는 노동자로서의 생산성과 연결 짓지 않더라도 이미 충분히 중요하고, 해결되어야만 한다. 그런데도 이 이야기를 굳이 노동 생산성과 연관 짓는 이유는, 여성에게만 비물질적인 자원이 부족하게 주어진 환경이 물질적인 자원을 또다시 부족하게 만들기 때문이다. 여성이 이 모든 자원을 덜 갖지 않았더라면, 더 노력하지 않아도 됐더라면 어떤 일을 해냈을까, 어디까지 승진할 수 있었을까, 어떤 역량을 펼쳤을까. 또한 그렇게 번 돈으로 누굴 만나고, 어디에 가보고, 무엇을 샀을까.
일터에서의 자신의 모습에 얼마큼 만족감을 느꼈을까,
지금보다 넉넉한 금전 자원으로 또 어떤 자원을 확보할
수 있었을까, 어떤 삶을 살 수 있었을까. 잃어버린 임금을
알아내기 위하여 그리고 잃어버린 임금을 알아내는
과정을 통하여 묻고자 하는 것은 이것이다.

　　　　직장인 여성이라는 말을 듣고 즉각 떠올려야
할 이미지는 스케줄러를 세 개씩 쓰고, 아이를 키우고,
직장에서 성과도 올려서 여느 남성을 능가한다는 말을
칭찬이라고 듣고, 특유의 소통 능력으로 동료 간의 화합을
도모하고, 짬짬이 시부모를 챙기고, 새벽에 요가를 해서
몸매를 유지하는 괴력을 발휘하는 이가 아니라, 적당히
자고 일어나서, 시간이 없으면 꾸미지 않고, 일을 할
만큼 하고, 집에 와서 자신의 몫을 다하고 다시 잠드는
사람이다.

5
고용 안정성
사라지는 여성들

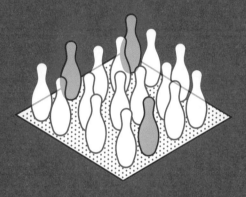

달리기에 몰두하다 잠시 멈춰 주변을 둘러보면, 같이
달리던 사람의 수가 줄어든 것을 발견하게 된다.
언제부턴가 점점, 주위에 여성이 보이지 않는다.

「그 많던 여학생들은 어디로 갔는가」라는 시에서 문정희 시인은 문득 어디론가 사라져버린 여성들을 찾았다. 일상에서 시간에 쫓기던 여성들은 시간이 지남에 따라 직장에서도 쫓겨난 듯 모습을 감춘다. 문정희 시인이 속한 분야만 보아도, 갓 시인이 된 이는 여성이 많지만 끝까지 남아 시인으로서 활동하는 건 거의 다 남성이다. 분야에서 중요한 자리를 남성이 다 차지하는 것만이 아니라, 여성은 그 분야에서 실제로 자취를 감추어버리는 것이다.

결혼 퇴직과 조기 정년

이미 경력 단절에 대해 알아보았지만, 기혼 여성의 퇴직에는 임신과 출산 때문에 일을 쉬어야만 하는 실질적인 필요보다도 '있어야 할 자리'로 가라는 압력이 크게 작용해왔다. 여성이 취업할 때 결혼과 동시에 사직하겠다는 각서를 써야 했던 것도 그리 오래 전의 일이 아니다. 남녀고용평등법에 '혼인과 임신, 출산을 퇴직 사유로 하는 근로계약을 체결해서는 안 된다'는 조항이 들어 있는 것을 보아도 그런 근로계약이 하나의 관행이었음을 짐작할 수 있다.

이렇듯 결혼한 여성을 일터에서 몰아내고 가정에 가두려는 시도는 국적을 가리지 않고 이루어졌다. 예를 들어 1940년대까지만 해도 미국, 캐나다, 영국에서 여성은 결혼과 동시에 퇴직해야 했다.[1] 자리에 남아 있는 여성에게는 일을 하면서 집안일에 충실할 수 있겠느냐거나 다른 남성의 자리를 빼앗고 있다는 비난이 돌아왔다. 직장을 다니는 기혼 여성이 맞서야 하는 어려움에는 일-가정 조화와 같은 현실적인 문제 이전에 그들의 선택을 죄악시하는 사회의 낙인이 있었다.

여성이 25세까지만 일할 수 있는 존재로 규정되었던 것도 가까운 과거의 일이다. 1985년 한 영업직 사원이 교통사고를 당하고 회사에 다닐 수 없게 되자, 사고로 인해 받지 못하게 된 임금을 받기 위한 손해배상 청구 소송을 제기했다. 그런데 법원은 배상액을 산출할 때 해당 직장에서 받았을 임금을 근로자가 25세까지 다닌 금액으로 계산하고 평균 퇴직 연령인 55세까지는 도시일용직 여성의 임금으로 계산하라고 판결했다. 도시일용직 임금은 모든 종류의 임금소득 중 가장 적은 금액에 해당하는데, 당시 결혼 평균 연령이 26세였고 이 사원이 여느 여성처럼 이때 결혼 퇴직을 할 것이라는 주장에서였다. 명백히 근로기준법과 헌법에 어긋나는 판결에 여성단체가 강하게 반발했고, 2심에서 55세까지 근무한 임금을 기준으로 다시 계산했다. 비록 손해배상액이나 임금 인상분은 반영되지 못했지만 이 사건에 대응해 '25세 여성 조기정년제 철폐를 위한 여성연합회'를 결성한 여성계의 노력이 2년 뒤인

1987년 남녀고용평등법을 만드는 데까지 이어졌다.[2] 여담이지만 "조기정년 철폐라는 어려운 숙제를 풀었으니 정말 기쁩니다. 그러나 실질적인 피해보상을 못 받은 게 서운해요"[3]라는 말을 남긴 해당 사건의 당사자 이경숙은 30년간 여성운동을 했으며 국회의원이 되었다.

여성이 투쟁을 통해 직장에 머물 수 있는 기간을 늘려왔다 해도, 여러 변수가 있을 때 여전히 가장 쉽게 위협받는 것은 여성의 일자리다. 예를 들어 한국에서 IMF 위기가 거세졌던 1998년경, 기업이 대거 인력 구조조정을 하면서 명예퇴직을 요구한 대상은 사내 부부 중 여성이었다. 주로 남성 직원을 통해 배우자에게 사표를 제출하게 하도록 지시하거나, 여성에게 퇴직하지 않으면 남편이 직장에서 불이익을 받게 될 것이라고 협박하는 수를 썼다.[4] 당시 퇴직을 종용한 기업 중 하나인 알리안츠제일생명에서는 한 달 만에 88쌍의 사내 부부 중 86쌍의 사원에게 사직서를 받아냈는데, 그중 84명이 여성이었다.[5]

다행히 해당 기업의 해고는 무효 처분을 받았으나, 이런 일은 오늘날에도 사라지지 않았다. 비슷한 시기에 비슷한 방식으로 762쌍의 사내 부부 중 752쌍의 한쪽 배우자(이 중 여성이 91.5퍼센트에 달했다)를 명예퇴직시켰던 농협중앙회는 2015년에도 같은 일을 반복했다.[6] 원주 농협은 한 부부에게 사직서를 쓰라고 종용하며 "버티려 해봐야 못 버텨. 마트 축산 이런 데 가서 고기 썰라 그러면 어떻게 할 거냐"라는 말로 협박했다.
부부가 그래도 퇴사를 거부하자, 본래 금융 업무에
종사했던 직원이 출산 직후 복귀했을 때 정육 파트로
발령해 무거운 고기를 나르고 썰도록 했다. 그럼에도 이
직원은 고객 서비스 만족도에서 두 번이나 만점을 받아
다시 예금 업무로 발령을 받게 된다. 하지만 5명이 일하는
자리에 6명을 발령하여 해당 직원은 자리를 받지 못해
전무 사무실 앞 빈 의자에 앉아 있어야 했다.[7] 농협이 이
직원의 사직서를 위조하는 데까지 이르자 이들 부부는
싸움을 결심했고, 사건이 드러나게 되었다.

여성은 왜 일터를 떠나는가

직장 내에서 여성의 입지가 불안하다는 사실은, 사내에서
구성원 간에 갈등이 발생했을 때도 잘 나타난다. 갈등이
발생했을 때 여성에게 더 쉽게 책임이 돌아가고 고립되는
것은 물론이고, 여성이 일방적으로 피해를 당한 경우에도
여성이 퇴사하는 경우가 많다. 서울여성노동자회의 조사
결과, 직장 내 성희롱 피해자 10명 중 7명이 퇴사했다.[8]
피해 사실을 알려도 제대로 된 대처가 이루어지기는커녕
여성에게 좋지 않은 구설이 퍼지는 경우가 많고, 이런
상황에서 피해 여성은 가해자와 계속해서 마주해야

한다는 심리적 부담감을 겪게 된다. 이에 결국 스스로 직장을 떠나는 결정을 내리게 되거나, 심지어는 사측에서 퇴사를 권유한다. 결혼이나 출산 같은 생애사건이 아니더라도 예상치 못한 때에 여성은 자신의 잘못이 아닌 일로 일터를 떠나게 될 수 있다.

직장 내 성희롱 및 성폭력은 소수의 여성만이 겪는 희귀한 이야기가 아니다. 각종 업계 내의 성폭력 사태가 드러난 이후 이루어진 출판계 성폭력 실태 조사 결과, 응답자 중 여성의 77.1퍼센트가 성폭력을 당한 경험이 있다고 답했다. 만족스러운 사후 조치가 이루어졌다는 응답은 단 한 건도 없었다.[9] 고용 형태가 불안정할수록, 갑을관계에 놓일수록, 사업장이 영세할수록 성폭력은 빈번히 일어나고 제대로 조치되지 않는다. 이것은 전부 여성이 많이 종사하는 직종의 특징이기도 하다.

남성은 같은 직장에서도 자리를 보전하기가 더 쉽다. 큰 잘못을 저질렀더라도 더 쉽게 구제된다. 여성은 직접적으로 타인에게 피해를 입혔을 때는 물론이고 추문에 휩싸이기만 해도 금세 기회를 잃는다. 한국의 직장문화에서 우선적으로 구제되는 것은 늘 남성이다.

어떤 문제도 일으키지 않고 성공적으로 직장 생활을 해낸 경우도 마찬가지다. 여성의 평균 수명은 남성보다 길지만 일터에서의 수명은 짧다. 여성 종사자 비율이 압도적으로 높은 통역사를 예로 들어보겠다.

통역은 직업의 특성상 철저한 사전 준비, 높은 전문성을 요하는 고도의 지적 노동이며 경력이 쌓임에 따라 상황 대처 능력을 비롯한 역량이 풍성해진다. 그럼에도 여성 통역사는 일터에서 전문성을 쌓아갈 수 있는 시간을 충분히 확보하기 어렵다. 현장에서 통역사로서의 전문성 외에 어리고 예쁜 여성을 선호하는 경우가 많기 때문이다. 2016년만 해도 프랑스에서 있었던 대통령 참석 행사를 위한 통역사 모집 조건으로 '예쁜 분'이 명시되어 논란이 되기도 했다.[10] 나이와 관계없이 일할 수 있기 위해서는 업계에서 전문 통역사로 자리매김해야 하는데, 그 위치에 도달하기까지 각자에게 주어진 시간은 여타 남초 직장에 비해 훨씬 짧다.

여성이 일터에서 수명이 짧은 원인은 '사회가 요구하는 여성성'에 가치를 부여하는 풍토에서 찾을 수 있다. 직무와 상관없이 이런 '여성성'이 평가 기준이 될 때, 경력과 역량이 늘어남에 따라 더 인정받고 평가받는 남성과는 달리 여성의 가치는 떨어진다. 여성은 업계에서 인정받는 숙련 노동자가 될 때까지 일을 지속하는 것 자체가 더 어려우며, 난관을 뚫고 경력을 지속한다 해도 그 역량에 걸맞은 대우를 받지 못한다. 이러한 사실은 숙련도를 덜 요하며 임금이 낮은 직종에 종사하는 여성 비율이 높은 것과 나이 든 여성이 일하는 직종의 임금이 낮은 현실로 연결된다.

여성은 남성에 비해 근속 연수가 짧을 뿐 아니라,

비정규직 비율이 높다. 정규직으로 일하던 여성이 결혼, 출산, 육아 혹은 그밖의 어떤 이유로 일을 그만둔 이후 다시 노동시장에 뛰어들 때, 비정규직이 되는 경우가 많다. 한국에서 정규직 여성의 수는 20대 후반에 가장 많고 그 이후로 급감한다.[11] M자 곡선대로다.

　　물론 처음부터 비정규직 자리를 얻는 일도 많다. 심지어는 같은 직장에 같은 전형으로 입사한 동기 가운데 여성만 비정규직으로 계약하기도 한다. 이유는 사업장마다 다양할 것이다. 여성에게 '왠지 임금을 낮게 주어도 될 것 같아서' 그렇게 하는 것처럼, '그냥'일 수도 있다. 어떤 이유에서건, 일하는 여성 전체 인구 중에 비정규직이 차지하는 비율이 54.5퍼센트로 더 높다. 남성은 정규직으로 일하는 비율이 63.3퍼센트로 더 높은 것과 비교된다. 비정규직이라는 고용 형태는 당연히 임금에도 영향을 미친다. 2016년 기준으로, 비정규직 여성은 평균 월 123만 원을, 정규직 남성은 월 344만 원을 받았다. 남성 정규직 임금을 100만 원이라고 할 때 여성은 35만 8000원을 받은 것이다.[12]

　　직장에서 여성은 고용이 불안정하고, 일할 수 있는 기간이 짧으며, 계약 조건이 불리하다. 그 원인은 다양해도 하나의 질문을 던질 수 있을 것이다. 그 많던 여성이 일터에서 홀연히 사라지고 대체되는 동안, 여성의 임금은 다 어디로 갔는가?

처음 건물에 들어올 때를 떠올려본다. 건물 입구는 두
개로 나 있었다. 좁고 문턱이 높은 문과 넓고 탁 트인 문.
건물에 다다른 이들은 성별에 따라 각자 정해진 입구로
통과해야 했다.

남성 선호

채용 시에도 남성은 성별 때문에 선호된다. 여성 채용이
꺼려지는 정도는 직종의 성비에 따라 다를 수 있지만
남성은 언제나 어디서나 더 선호되므로 더 수월하게
입사한다. 다시 말해 더 낮은 선의 실력에까지 채용의
문이 열린다. 때문에 입사할 때부터 여성의 스펙이나
능력치가 평균적으로 더 좋다. 능력을 평가함에 있어
성별에 따라 다른 기준을 두는 일은 승진 결정에서만
일어나는 것이 아니다. 남초 직장은 금녀의 영역이기에
가장 탁월한 여성이라야만 겨우 뽑히고, 여초 직장은
남성이 귀하므로 심각할 정도로 실력이 나쁘지 않은
남성이라면 어지간하면 뽑힌다.

　　　　남성 앞에서 갑자기 채용의 문턱이 낮아진다는
말은 남성에게 더 느슨해지는 심리적인 잣대를 일컫기
위한 표현이지만, 문자 그대로 문턱의 높이를 바꾸는
일도 실제로 일어난다. 2013년 KBO(한국야구위원회)
신입사원 공개채용 면접 점수 조작 사건이 그 예다.[1]
더불어민주당 손혜원 의원이 밝혀낸 바에 따르면, KBO의
신입 공채는 정년이 보장되는 데다 초봉이 3500만
원이라는 좋은 조건이었기 때문에 2명을 채용하는 자리에
무려 960명이 몰렸다. 그런데 면접 점수가 높아서 합격이
확실시되었던 여성의 점수를 지우고 바꾸어 탈락시켰다.
KBO에서 여성의 면접 점수를 조작한 일은 이외에도

서너 번 더 있었다. 한국가스안전공사에서도 그랬다.
사장의 지시에 따라 기준 미달인 남성 7명을 합격시켰다.
면접 점수가 1배수 안에 든 여성 지원자와 합격권에
들지 못한 남성 지원자의 순위를 변경한 것이다.[2] 탈락한
여성 지원자 7명은 모두 합격권이었다. 심지어 그중에서
세계적인 가스 회사인 존 크레인(John Crane)사에
몸담았던 여성을 가스 업체 근무 경력이 없다는 이유로
탈락시켰다.[3] 해당 회사의 이름만 보고 크레인 제작 회사
근무자로 분류했기 때문이었다. 어떤 대기업 인사부장은
입사 시험에서 필기시험 결과대로 면접자를 뽑게 되면
8:2의 비율로 여성이 훨씬 많이 선발된다고 증언했다.
때문에 이들은 임의로 남성 지원자의 합격 커트라인을
내렸다. 심지어 그는 일간지 인터뷰에서 이렇게 말했다.
"남성 지원자 여러분, 글씨도 좀 정성 들여 쓰고 열심히
준비하세요. 성적 조작하려니 너무 힘들어요."[4]

      여성 기자에게만 여기자라는 이름이 붙는 것처럼
여성이 소수로 취급되는 기자 시험도 그렇다. 막상 기자를
준비하는 인원에는 여성이 더 많다. 그리고 시험 성적도
더 높다. 그러나 최종 면접 자리로 올라가는 인원부터
성비가 갑자기 뒤바뀐다. 어느 경제지는 1차 시험을
통과시킬 여성과 남성의 비율을 아예 최종 선발하려는
인원의 성비대로 고정해두었다. 여성 종사자 비율이
높은 출판계도 마찬가지다. 편집자를 뽑을 때 남성은
드물고 선호된다. 때문에 남성에게는 더 낮은 기준이

적용되지만, 직무 관련 능력에서 워낙 차이가 나버려
뽑을 수가 없었다는 식의 면접 후일담은 흔하다. 대놓고
"남자라서 (부족한데) 그냥 뽑았다"고 말하기도 한다.
역시 여성이 압도적인 비중을 차지하는 초등학교 교사의
경우, 임용고시 최종 관문에서 남자는 바지만 벗지 않으면
뽑힌다는 농담 아닌 농담이 자조적으로 돈다. 이렇게
뽑힌 남성이 이 직군에서 어떤 기대를 받아 나중에 어느
자리까지 오르게 되는지는 맨 처음 이미 살펴보았다.

　　　양성평등할당제 따위를 폐지하고 공정하게
실력으로 승부하자고 말하는 쪽은 주로 남성인데,
막상 특정 성별이 30퍼센트 미만으로 합격했을 때
추가합격을 시키는 이 제도의 수혜를 입고 있는 건
남성이다. 2010년부터 2016년까지, 성적이 모자랐음에도
할당제 덕분에 합격한 이들 중 80퍼센트에 달하는
458명이 남성이었다.[5] 경찰공무원의 경우는 더 심하다.
경찰대는 인권위의 권고를 무시하고 여성 합격자 비율을
12퍼센트로 동결했다. 그 결과 경찰공무원 시험에서
여성의 필기 합격선이 무려 40점가량 높다.[6] 경찰 업무의
특성상 체력이 필요해서라고는 하지만 막상 시험에서
체력 비중은 10퍼센트밖에 되지 않으며 수사를 비롯해
다양한 업무에서 여성이 더 많이 필요시되고 있다.

여성 적대

사회가 남성에게만 낮추어준 문턱을 이들이 기꺼이 넘나드는 동안, 꿈쩍 않는 좀 더 높은 문턱을 넘어선 여성은 면접 자리에서 다시금 빠져나갈 수 없는 질문을 받는다. 대표적으로는 결혼이나 출산에 관한 것이 있다. 이미 결혼하여 자녀가 있다면 가정 때문에 일에 집중할 수 없는 사람으로, 결혼과 출산을 염두에 두고 있다고 답하면 곧 일에 집중할 수 없게 될 사람으로, 계획이 없다고 답하면 믿지 않거나 어딘가 정상적이지 않은 사람으로 취급된다. 면접 자리에서 직무 수행에 필요하지 않은 개인사와 관계된 질문을 하는 것은 고용정책기본법 제7조와 남녀고용평등과 일 가정 양립 지원에 관한 법률 제37조 4항 1호에 따라 위법이지만, 여전히 결혼과 출산은 물론 연애 여부에 대한 질문도 받는다. 이때 질문을 받고 더 난감해지는 쪽은 여성이고, 애초에 여성에게 이 질문을 하는 이들은 대개 그를 구직자가 아닌 '여성'으로 보면서 흠잡을 구석을 찾고 있다.

　　　면접 자리에서 여성들이 받는 온갖 삐딱하고 적대적인 질문들은 헤아릴 수 없다. 내 친구의 최근 면접 사례는 아주 황당하다. 소득 수준과 관계없이 오로지 서류와 면접만으로 결정되는 유학생 심사 자리에서, 예술을 전공한 나의 친구는 "일단 서류는 완벽하다"(실제로 그랬다), "그런데 비인기 학문을 전공하는 걸 보면 너무 편안한 삶을 사는 것이 아니냐"는 말을 들었다. 희망하는 학교를 묻는 연이은 질문에 아이비리그라고 답하니 면접관은 "데코레이션을 위한 것이냐?"고 반문했다고 한다. 서류가 완벽하다는 평을 들었던 친구는 탈락했다. 무엇이 문제였을까? 서류가 완벽하다는 평가에 이어진 면접관의 질문들은 이 우수한 친구를 향한 적대감을 감추지 않는다. '돈 벌 생각 안 하고 편안하게 살면서' '경력에 데코레이션을 하기 위해 아이비리그에 가려 한다'고 생각하고, 그것을 본인에게 말하고, 그 적대감으로 그의 앞길을 막아섰다. 친구가 남성이었다면 완벽한 서류와 비인기 학문 전공, 아이비리그는 능력, 소신, 야망으로서 그가 인재임을 증명해주었으리라고 확신한다. 여성을 바라보는 미심쩍은 눈초리는 결코 '출산으로 인해 공석이 생기는 문제' 같은 눈에 보이는 이유에서만 비롯하는 게 아니다. 여성이라는 존재 자체를 향한다.

　　　　더 큰 문제는 이렇게 여성을 편향되게 바라보는 이들이 스스로를 공정하다고 믿는 데 있다. 관련된 실험이 하나 있다. 예일대학에서 학부생에게 가상의 후보 두 명 중 한 명을 경찰서장으로 뽑아야 한다면 누구를 뽑겠느냐고 물어보았다. 학부생에게 나누어 준 두 이력서 중 하나에는 교육 수준이 낮고, 행정 능력이 부족하나 물정에 밝고 신체 조건이 좋으며 다른 경찰관에게 인기가 많은 독신인 인물이, 다른 하나에는 교육 수준이 높고 행정 능력이 좋고 미디어 활용 능력도 있지만 사교성이 좋지 않고 아이가 하나 있는 인물이 적혀 있었다. 학부생들이 받아 든 이력서에는 다른 조건은 다 같았지만 성별만이 달랐다. 실험 결과, 교육 수준이 좋은 쪽이 여성인 이력서를 받아본 이들은 아무래도 공부만 했기 때문에 융통성이 없을 것 같다는 평가를 남기며 다른 남성 후보가 가진 활동성을 높게 쳤다. 반대로 교육 수준이 높은 쪽이 남성인 이력서를 받은 학생들은 학점이 성실성을 대변한다는 이유로 남성 후보를 선호했다.[7] 참가자들은 스스로가 성별에 따라 편향되지 않았다고 답했다. 하지만 또 다른 실험에서 동일한 지원서에 이름만 여성과 남성으로 달리 해서 교수에게 평가하게 했을 때, 남성 지원자의 능력이 더 높이 평가되고, 더 많은 초봉을 얻었고, 채용 기회가 더 높았고, 멘토링 기회도 더 많았다.[8] 미국의 교향악단 오디션에서는 응시자가 커튼 뒤에서 연주를 하도록 한 뒤 여성 단원이 눈에 띄게 늘었다.[9] 남성이라는 성별은 개인의 무능함이 명백히 드러난 상황에서도 그것을 상쇄할 힘을 가질 뿐만 아니라, 실제로 같은 상황에서 더 유능하다고 느껴지게까지 하는 것이다. 즉 여성은 꼭 임의로 문턱을 낮춘 결과 합격선에 든 남성에게만 채용 기회를 빼앗기는 것이 아니다. 그저 여성이라는 이유로, 남성이라는 이유로 채용 기회와 평가, 판단은 달라진다.

이 와중에 여성은 취업 문턱을 넘기 위해

추가적으로 하나의 기준을 더 만족해야 한다. 바로 외모다. 여성은 사회적으로 아름답다고 여겨지는 신체 조건을 갖추지 않으면 직무에 적합한 어떤 능력을 가졌다 하더라도 일자리를 얻지 못할 수 있다. 채용 시에 외모를 따지는 일이 오늘날에는 '용모단정'이라는 애매한 말 뒤에 숨어버렸지만, 약 20년 전만 하더라도 더 노골적이었다.

한국에서 여성의 외모를 중시하는 풍조가 확실하게 드러난 기점은 1994년 초였다. 44개 대기업이 채용을 위해 여자상업고등학교에 졸업 예정자를 추천해달라고 의뢰하는 공문을 보낼 때, "키 160센티미터 이상, 몸무게 50킬로그램 이하, 미혼, 안경 착용 불가" 등을 조건으로 내걸었다는 사실이 서울지방검찰청에 고발된 것이다. 심지어 은행의 엘리베이터 안내원에게는 시력 1.0 이상이 요구되기도 했다. 이때 한국여성민우회, 전국교직원노동조합협의회, 대학 교수, 현직 교사 등이 함께 행동에 나섬으로써 남녀고용평등법에 용모 관련 조항을 금지하는 규정이 신설되는 계기가 되었다.[10]

비록 용모를 차별하는 고용주에게 벌금을 물리는 법이 마련되기는 했지만 용모를 중시하는 풍토는 좀체 사라지지 않았다. 심지어는 여성의 외모에 대한 점수표를 만들어 조목조목 채점한 일이 드러나기도 했다. 승무원을 고용할 때 KTX가 했던 일인데, 키가 170~173센티미터일 경우 20점 만점에 20점, 166~169센티미터일 경우 15점 등 키와 나이에서 상세하고 까다로운 기준을 만들어 점수를 매겼다.[11] 심지어 작은 키에서 큰 키로 갈 때 점수가 점점 높아지다가 174~177센티미터는 10점으로 갑자기 뚝 떨어졌다. 점수가 다시 낮아지는 이유는 명시되어 있지 않아 모르겠지만 공교롭게도 한국 남성의 평균 키가 174센티미터이기는 하다.

물론 여성이 외모에 집착하는 현상이 반드시 취업 때문은 아니다. 문제는 취업 시에 여성의 외모는 대단히 영향을 미치며, 이것이 여성의 생계와 직결된다는 점이다. 사회가 여성에게 성형수술, 피부 관리, 체중 감량에 지출을 하게끔 부추기는 경향은 일상적으로도 만연하지만 그 대상이 여성인 동시에 구직자라면 더욱 노골적으로 변한다. 긍정적인 이미지를 주기 위한 입꼬리 교정술을 비롯해 취업 준비생만을 위해 고안된 시술 및 수술이 추가로 권유된다. 여성에게 요구되는 외모 기준이 더 까다롭기 때문에, 구직 활동의 목적이 수입을 얻기 위함임에도 이를 위해 여성은 이미 남성보다 많은 돈을 지출하게 된다. 조사에 따르면 여성 구직자의 외모 관리 비용은 121만 원으로, 52만 원인 남성의 두 배보다 더 많다.[12]

자신의 외모를 있는 그대로 사랑하지 못한 채 전전긍긍하고, 성형수술에 집착하고 몸무게에 연연하는 한국 여성은 마치 외모중심주의의 주범이자 조롱받고 욕먹어 마땅한 대상으로 흔히 취급되어왔다. 그러나 고등학교를 채 졸업하지도 않은 학생의 몸무게를 따지는 공문을 보내 살 빼는 약을 먹게 하고, 대학 취업 정보실에서 "4학년이 되도록 살 안 빼고, 얼굴 안 고치고 뭐 했느냐"라고 묻고,[13] 20점 만점짜리 채점표를 들고 여성의 키와 나이를 점수화하고, 면접 자리에서 여자는 어려 보이는 게 좋다고 말하던 이들을 빼놓고서는 영영 이 사태의 진범을 잡아낼 수 없을 것이다.

　　　　직장생활을 하면서 명백히 더 적게 벌고 더 느리게 승진하는 여성은, 취업의 문턱에서도 어떤 면에서든 남성에 비해 선호되지 못한다. 같은 학교, 같은 과 동기인 남성과 여성이 일자리를 얻는 데 걸리는 기간과 받게 되는 임금에 얼마나 차이가 나는지를 떠올려볼 수 있다. 여성은 학력 이외에도 여성에게만 요구되는 기준들까지 충족할 만큼 노력하고도 그러지 않은 남성에게 자리를 빼앗긴다. 애초에 일자리가 없으면 임금격차는 논할 기회도 없다. 그렇다면 채용의 문턱에서 잃는 임금을 셈하기 위해 이렇게 물을 수 있다. 여성이 일자리를 얻기까지 추가로 충족해야 할 기준들이 없다면 불필요한 지출이 얼마나 줄어드는가? 얼마나 많은 여성이 스스로 공정하다고 믿는 면접관들의 수많은 편견 때문에 일자리를 놓침으로써 수입이 없는 상태에 놓이는가? 혹은 이런 문턱을 넘어 취업에 성공한 이들이 여성이라는 이유로 부당한 의심과 요구를 받지 않는다면 어떤 일을 하고 얼마큼의 돈을 더 벌 수 있을까?

7
진로 선택

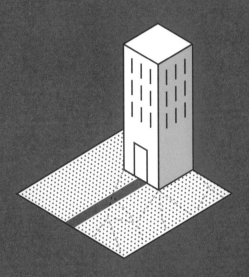

직업 세계 밖에서 여러 건물을 바라봤을 때, 어떤 건물은
높고 화려했으며 어떤 건물은 좀 더 낮고 가깝게 보였다.
여성과 남성은 건물을 향해 함께 달려가는 것 같았지만,
남성은 곧게 뻗은 트랙 위를 달려 높이 솟은 건물로
나아갔고 여성은 같은 곳에 가기 위해 그와 전혀 다른,
훨씬 가파른 길을 찾아내야 했다.

여성이 많이 모인 직종은 평균 임금이 낮다는 특징이 있다. 남성이 많이 모인 직종이 전부 고소득인 것은 아니나 모든 고소득 직종에는 남성이 많다. 비정규직화를 이유로 들 수 있다. 직장 선택에 좀 더 많은 제약을 받는 여성은 비정규직에 몰려들 수밖에 없다. 저숙련 직종이 여성에게 돌아가는 것도 이유로 들 수 있다. 여성이 어떤 직종에서 숙련되기까지 겪는 어려움과 합당한 대우의 부재가 여성들을 저숙련 일자리와 가까워지게 만든다.

여성의 일, 남성의 일

사회가 여성을 스스로의 삶을 책임지는 경제적 주체로 인정하지 않기 때문에 여성의 고용이 보장되지 않고, 여성은 작은 역할에 만족하도록 사회화되고, 사회가 여성의 능력 중 하나로 평가하는 여성성이라는 가치는 시간이 지남에 따라 쌓이는 대신 사라진다. 서로 얽혀 있는 이 모든 원인은 성차별과 이미 관련이 있다. 다양한 조건으로 인해 경제적 보상이 적은 일로 여성이 몰릴 수밖에 없고, 여성은 같은 일을 할 때에도 돈을 덜 받는다. 그런데 하나가 더 있다. 오직 여성의 일이라는 이유로 일의 가치가 낮아지는 것이다. 적은 임금은 여성이 다다른 곳에서 마주치게 되는 현상이기만 한 것이 아니라 여성이

가기 때문에 나타나는 현상이기도 하다. 마치 그림자처럼 말이다.

　　　　보통 이렇게 이야기하면 한 직장 내에서 남성이 맡은 직책뿐 아니라, 남성들이 주를 차지하는 직종이 더 힘들고, 더 궂은일을 많이 하고, 더 중요한 일을 하기 때문에 높은 임금을 받는 것이라는 주장이 나온다. 특히 힘을 쓰는 일에서 여성은 남성을 따를 수 없다는 주장을 빼놓을 수 없다.

　　　　일단 남성 집단의 근력이 여성 집단의 근력보다 평균적으로 더 세기는 할 것이다. 예를 들어 70킬로그램, 50킬로그램, 90킬로그램 무게의 자재를 두 사람이 10분 동안 창고에서 꺼냈다가 다시 넣는 일은 누구에게 적합할까? 사실 각각은 국 재료, 무침 재료, 튀김 재료다. 3시간 만에 218명분의 식사를 만들어내야 하는 급식노동자 여성 두 명은 검수를 위해 냉장고에 있던 이 재료를 꺼냈다가 다시 넣어야 한다.[1] 한여름에도 뜨거운 열기를 쬐면서 극도로 무거운 식재료와 식판을 쉴 새 없이 들었다 놨다 한 뒤, 1500개의 식판을 2시간 동안 설거지해야 한다. 결론만 말하면, 여성은 힘쓰는 일을 많이 한다. 그리고 잘만 한다. 너무 많이 해서 연골이 파열되고 요통을 앓는다. 조리실에서는 세균 번식 문제 때문에 에어컨을 틀 수 없기 때문에 이 모든 일을 열기 속에서 하다가 폭염에 탈진하는 일도 흔하다. 그렇지만 이 노동은 저임금 직종에 속한다. 밥 하는 일, 다시 말해 여성이 하던 일이기 때문이다.

국가가 경공업을 기간산업으로 삼았을 때, 피부병에 걸리고 온갖 질병을 앓으면서 긴 시간 동안 쉬지 못한 채 청계상가 봉제공장에서 일하던 이들 역시 여성이었다. 농촌에서 일하는 여성도 그렇다. 농촌에서는 농기계를 다루는 일이 남성의 몫으로 돌아가므로 오히려 여성의 노동 강도가 더 세다. 육체노동이야말로 여성들이 한시도 쉬지 않고 해온 일이다. 남성이 이들에 비해서 더 탁월하다고 할 수 있는 건 한 번에 더 많은 무게를 드는 것인데, 그게 반드시 생산성을 뜻하지는 않는다. 무엇보다 우리는 현재 육체노동의 강도로 급여가 매겨지는 세상에 살고 있지 않다. 그랬다면 더욱 더, 여성들에게 마땅히 더 많은 임금이 돌아가야 한다. 급여는 실제로 중요하고 힘든 정도보다 중요하고 힘들다고 여겨지는 정도에 따라 매겨지며, 오히려 반대로 그 액수가 직업의 중요성을 가늠하게 하는 기준이 되는 경우도 흔하다.

우리 사회에서 육체노동을 요하는 단순노무직은 임금이 낮은 직종에 속한다. 그런데 그중에서도 남자가 많은 직종의 임금이 더 높다. 남성이 하는 단순노무직은 험한 일을 하는 자리이며, 여자는 험한 일을 기피하기 때문에 저임금 노동에 종사하는 것이라는 익숙한 주장도 이 지점에서 들을 수 있다. 그러나 막상 그 험한 자리는 상대적으로 후한 임금을 받을 수 있는 동시에 그 자리를 원하는 여성에게는 열려 있지 않다. 육체적으로 노동 강도가 더 세다는 점을 감수하고라도 좀 더 높은 임금을 선택하고자 하는 순간에 여성은 강제로 더 '편한' 일로 인도된다. 그리하여 여성이 접근하게 되는 일은 한 번에 옮길 수 있는 무게는 적거나 적어 보여도 육체를 결코 쉴 수 없는 노동이지만 더 쉬운 일로 여겨지며 훨씬 낮은 임금이 매겨진다. 사회에서 중요하지 않다고 간주되는 단순노동 가운데에서도 남성이 하는 일이 더 중요한 일이 되고, 임금이 더 높다.

그뿐만이 아니다. 혹여 남성이 많은 저임금 노동직에 진입하는 데 성공하더라도 여성은 여성이라는 이유로 남성이 받는 임금의 절반 수준을 받는다. 생산성에 따라 인센티브를 주는 체계가 아님에도 여성이기 때문에 미리 생산성이 낮을 것으로 예상한다. 그러나 결국 해내는 일은 비슷하거나 더 많다. 예를 들어 조선업이 발달한 거제 지역에서는 같은 조선 일을 하는데도 여성은 시급으로 계산하고 남성은 일당으로 계산한다. 사회적으로 인정되는 가치가 낮은 직군이라고 해도 남성이 할 때는 생계를 위한 본업으로 인정되지만 여성에게는 반찬값을 벌기 위한 부업이 되기 때문이다.

또한, 임금을 결정하는 요인으로 노동 강도를 이야기하자면 육체노동만큼이나 감정노동도 고려해야 한다. 감정노동이란 고객의 기분을 맞추기 위해 자신의 감정을 극대화하거나 최소화해야 하는 노동으로 흔히 서비스직에 동반되는데, 그동안은 그리 중요하게 취급되지 않다가 최근에야 주목받게 되었다. 한국에서 감정노동 강도가 높은 대표적인 직업은 텔레마케터다. 전화상으로 고객에게 폭언을 들을 뿐 아니라, 사무실 내에서 팀장에게 방망이나 우산으로 폭행을 당하는 동시에 폭언을 듣는 환경에 놓였던 사실이 드러나기도 했다. 텔레마케터는 감정노동 강도가 센 또 다른 직업인 네일 아티스트 등과 함께 대표적인 여성의 노동인데, 때로 최저임금도 받지 못하는 저임금 직종이다.[2] 경력 단절 후 재취업을 시도하는 주부가 주로 종사하기 때문이다. 종사자가 기혼 여성이라고 해서 돈을 덜 주어도 될 근거는 어디에도 없으나, 마트 캐셔 역시 근골격계 질환을 낳고 고도의 감정노동까지 동반하는 고된 직종이지만 같은 이유로 같은 상황에 놓여 있다.

감정노동만큼이나 돌봄노동도 여성이 주로 도맡게 되는 노동이다. 돌봄노동 종사자는 노동자로 인정받기 어려워 법의 테두리 바깥에 존재하기 십상이라는 점 외에도, 별도의 숙련이 필요 없는 일을 한다는 취급을 받는다는 특징이 있다. 여성이 처음부터 돌봄노동에 종사할 수 있는 능력을 타고 태어난다고 믿기 때문이다. 이런 잘못된 믿음은 돈을 덜 줘도 된다는 결론으로 신속하게 수렴한다. 경력이 단절된 뒤 재취업을 시도하는 40~50대 여성이 대거 포진한 돌봄노동자는 여성이 원래 집에서 무급으로 하던 종류의 노동을 한다는 이유로 노동권을 인정받지조차 못한다. 개인사업자로 분류되거나 법의 보호에서 제외되어서 보험 혜택을 받을 수 없거나, 개인 간 친분이나 알선 업체를 통해서 채용되기를 기대해야 한다. 임금 역시 낮다. 이들은 시간제로 한 달에 76시간을 일하고 57만 원을 손에 쥘 만큼 저임금과 불안정성에 시달리게 된다.[3] 대표 직종인 간병인, 보육교사, 육아 도우미, 요양보호사 전부 비슷한 실정이다. 그러나 돌봄노동은 육체적으로도 고될 뿐 아니라 당연하게도 전문성을 요한다. 이처럼 여성은 집 안에서 돌봄노동을 도맡기 위하여 임금노동을 그만두거나 줄여야 하는 한편, 임금을 받으면서 돌봄노동직에 종사할 때에도 불리한 조건에 놓인다.

　　　같은 직장 내에서도, 하는 일은 비슷한데도 성별에 따라 직책이 달라지고 그에 따라 임금과 고용 형태가 달라지기도 한다. 물론 전문성이 인정되지 않고 그에 따라 비정규직화를 겪게 되는 쪽은 여성이다. 일례로 KTX에서 여성 승무원은 모두 계약직으로 외주 업체에 의해 고용되었다. 서비스직은 단순노동이고 핵심 업무가 아니기 때문에 외주를 주어도 된다는 논리였다. 그런데 이때, 기존 직원이었던 이들은 열차 팀장이라는 직책으로 직접고용되었으며 124명 전부 남성이었다. 여성 승무원은 이들에 비해 낮은 임금을 받았고 불안정한 고용 조건에 놓였다. 명찰이나 손수건 같은 비품을 교체할 때 해당 비용을 임금에서 삭감하기까지 했다. 그러나 사실 이들은 남성 열차 팀장과 거의 유사한 업무를 했다.[4]

채용할 때 1년 후 정규직으로 전환될 것이고 준공무원으로 대우하겠다는 약속을 내걸었던 KTX는 승무원들이 간접고용에 대해 파업으로 맞서자 이들을 일괄 해고해버렸다. 기업이 비용을 절감하고 싶을 때, 여성은 가장 손쉬운 타깃이 된다. KTX의 편법에 맞선 승무원의 투쟁은 지금까지도 4000일이 넘게 계속되고 있다.

여성이 강점이 있다고 기대되는 분야에서도 여성은 늘 부차적이고 덜 전문적인 취급을 받는다. 사회적인 인정이 상대적으로 높게 주어지는 직종에서도 그렇다. 번역은 여성이 많이 종사하는 직업이지만, 업계 내에서의 인정과 관계없이 대가라는 칭호를 받는 쪽은 늘 남성이다. 반면 여성 번역가에게서는 부업이나 생계형이라는 인상이 더 쉽게 덧씌워진다. 여성의 일은 생계를 위한 일로 엄연하게 인정받아야 할 때에 소일거리로 취급되기도 하고, 같은 분야에 종사하는 남성이 전문가나 예술가로 추대될 때 생계 수단의 의미만을 지닌다. 대가라 불리는 직업인이 거의 남성인 것이 세상에 대가라는 칭호를 얻을 만한 자질의 여성이 실제로 이토록 적어서가 아니라는 사실을, 우리는 이미 알고 있다.

여성이 하는 일의 난도는 좀체 인정되지 않는다. 일을 지적노동과 육체노동으로 나누었을 때 전자를 높게 평가하는 한국 사회에서조차, 출판편집 같은 여성노동자 비율이 높은 지적노동은 대표적인 저임금 직군 중 하나다.

출판사 입사 시험에서 여성의 역량이 탁월한 것으로
드러나도 정작 입사했을 때 여성보다 남성 노동자가 많은
임금을 받는 일은 흔하다. 같은 노동을 하는 여성이 받는
임금이, 남성에게 제안하기에는 아무래도 너무 적은
금액이기 때문일까?

어떤 노동은 오직 여성이 주로 하기 때문에
숙련이 필요 없는 단순직으로 분류되기도 하고, 애초에
역량 향상이 큰 의미가 없는 보조적인 업무가 여성에게만
맡겨지기도 한다. 일의 의미는 사회적으로 규정되므로,
어떤 일이 임금을 적게 주어도 될 명분이 충분한 진짜
단순 업무냐 아니냐를 구분하기는 쉽지 않을뿐더러
지금의 논의에서 불필요하다. 확실한 것은 저소득
직종에 여성이 몰리고 여성이 몰리면 직종의 저임금화가
일어나는 것처럼, 직종에 남성이 유입되면 고임금화되고
고임금화가 되면 남성이 몰린다는 점이다. 선후 관계를
정확히 따질 수는 없겠지만 임금 수준과 성별은 같이
다닌다. 특정 직종의 임금 수준과 성비는 결코 고정된
것이 아니다. 임금 수준이 낮아지면 여성이 늘어나고,
혹은 여성이 늘어나면 임금 수준이 낮아진다.

이 현상을 명확히 보기 위해서는 한 직종의
임금 수준과 성비가 시간과 공간에 따라 어떻게
변하는가를 살펴보면 된다. 프로그래머라는 직종에
대한 사회적 취급의 역사는 좋은 단서가 될 것이다.
프로그래밍이 세상에 처음 등장했을 때에는 마치

바느질과 같은 하찮은 일로 여겨졌다. 잘 알려지지 않은 사실이지만 오늘날 신산업의 핵심을 차지하는 컴퓨터 프로그래밍의 역사는 그래서 여성이 만들었다. 그러나 분야가 발전하며 남성이 유입되었고, 프로그래머는 어느새 바느질과는 달리 '중요한' 일을 하는 사람이 되었으며 임금도 당연히 올랐다. 미국 코넬대학에서 행한 조사에 따르면 1950년에서 2000년대 사이 미국에서 레크리에이션 강사와 티켓 판매원이 주로 남성이었다가 여성이 많아졌을 때, 평균 임금이 기존 임금에 비해 각각 57퍼센트와 43퍼센트 줄어들었다. 디자이너의 평균 임금도 여성 종사자가 늘어난 후로 34퍼센트 떨어졌다.[5]

시간에 따라서만 변하는 것은 아니다. 한국에서 대표적인 고임금 직종인 의사는 러시아에서는 저임금 직종에 속하고, 여성 종사자의 비율이 매우 높다.[6] 그래서 유리 에스컬레이터 현상의 긍정적인 면으로 거론되는 것이 바로, 남성이 여초 직장에서 빠르게 승진하여 이 직종에 남성이 몰리면 직종 전반의 임금이 올라간다는 것이었다.

비슷한 직군 내에서, 혹은 사회적으로 중요도가 비슷하지만 성별에 따라 직종이 나뉘는 경우에도 보수가 다르다. 헬스장에서 요가 강사는 시급 7000원을 받는 시간제로 모집하고, 퍼스널트레이너는 월 200만 원 이상의 정규직으로 채용한다. 시간제 요가 강사는 여성이 많고, 정규직 트레이너는 남성이 많다. 이 둘의 가치는 과연 다를까? 유사한 예로 경비직과 청소직이 있다. 1990년대 초반, 연세대학교에서 경비노동자는 정식 직원으로, 청소노동자는 일용직으로 고용되었다. 또 굳이 덧붙이자면 경비원은 남성, 청소노동자는 여성이었다. 청소노동자들은 동일가치노동 동일임금 기준에 입각해서 임금 차액을 달라는 소송을 제기했지만 결국 받아들여지지 않았다.[7] 경비가 청소보다 더 중요하고 많은 일을 한다는 이유였으나, 사실 어떤 일이 더 중요한지를 가려낼 명확한 기준 같은 건 존재하지 않는다. 확실한 건 경비직으로 옮기기를 희망하는 청소노동자는 있어도 청소직으로 가려는 경비원은 없으리라는 점이다. 동일가치노동이라는 논쟁이 벌어질 만한 두 직종 혹은 직무 중에는 언제나 여성이 많이 근무하는 쪽의 임금이 더 낮다.

　　　　반대로 남성의 임금은 늘 더 높다. 여초 직종 중 비교적 임금이 높은 제약회사에서 근무하는 몇 안 되는 남성은 주로 영업 및 마케팅 부서로 배치되고, 이 부서는 여러 부서 중에서도 임금이 높은 편이다. 의사의 경우도 과에 따른 연봉이 결코 성적순으로 정해지지 않는다. 한국에서 의사는 기본적으로 많은 돈을 버는 직종이지만 그중에서도 소아과는 좀 더 적게, 정형외과는 좀 더 많이 번다. 소아과와 정형외과 의사가 반드시 같은 임금을 받아야 하는 것인지, 혹은 소아과와 정형외과의 중요성을 구분할 수 있는지를 측정하기는 어렵다. 다만 남의사는 다양한 과 중에서도 임금이 높은 분과에 특히 몰려 있다. 반대로 말하면, 임금이 높은 분과는 남의사의 비율이 높다.

왜 선택하는가?

그렇다면 여성은 왜 낮은 임금과 사회적 대우를 무릅쓰고도 여초 직종을 택할까? 직업의 종류와 그를 선택한 여성의 수만큼 다양한 이유가 있겠지만, 이 선택들에 작용하는 사회적 인식도 무시할 수 없다. 사람이 특정 직업에 대한 이미지를 갖게 되는 과정에는 사회 통념이 개입하며, 그것을 생업으로 선택하는 순간 역시 개인의 의지만으로 채워지지 않는다. 어떤 직업이 주로 여성에게 적합한 것으로 여겨지며 어떤 직업이 그렇지 않은지는 자라면서 어느 정도 학습되며, 이는 특정 성향의 일에 대한 심리적 장벽을 만든다.

여성은 상대적으로 강한 영향력을 행사하고 모험적이며 눈에 띄는 일을 자신과 맞지 않는다고 여기고, 그와 반대되는 특성을 선호하도록 사회화된다. 또한 직업적 성공을 위해 살기보다는 안정된 직장에서 조용히 일하며 가정을 꾸릴 것으로 기대된다. 의대에 갈 만한 성적을 받았음에도 약대나 간호대에 가거나, 가르치는 일을 하고 싶어하는 수많은 여성이 교수를 목표로 하기 이전에 교대에 진학한다. 글을 좋아하지만 작가를 지망하는 대신 번역을 택한 경우도 흔히 보았다.

혹은 딱히 그 직업을 꿈꾼 것은 아니지만 다른 조건을 피해서 해당 직종에 몸담은 경우도 있다. 그중 남성이 많은 직종을 꺼린 것은 한 가지 이유일 수 있다. 남초 직장에서는 여성이 적극적으로 배제되므로 성과를 인정받는 일이 더 요원하다. 직장 내에서 성적인 대상으로 취급될 확률이 상대적으로 높으며, 실제로 많이 보고된다. 직장 내 성폭력도 물론 일어나지만 그보다 일상적인 희롱, 동료로 존중받지 못하는 분위기, 신고를 하자니 애매한데 기분은 확실히 불쾌한 일을 상당히 자주 맞닥뜨릴 것이라 예상한다. 남동기들끼리 단체 대화방을 열어서 여자 직원들의 외모를 평가하고, 성적인 농담을 하고, 상대의 의사 따위는 안중에 없이 구애하는 등의 일들 말이다. 다른 직종이라고 다르지는 않겠지만, 특히 남초인 대기업에 근무하는 여성이 대상화되거나 고립되는 사례들은 가끔 상상을 초월한다. 반대로 여초 직장은 적어도 그러한 불쾌한 일이 발생할 빈도와 확률이 적고, 일이 일어났을 때 분위기나 반응이 그래도 남초 직장보다 낫다는 이야기들이 들려온다.

결국 개인의 선택이라고 할지라도, 남초 직종의 임금이 더 높은 사회에서 업무 적성이 아닌 차별적 환경과 조직문화 때문에 그 직종을 피하게 되는 결정은 경제적 보수를 포기하는 결과를 낳는다. 남성은 할 필요가 없는 선택이다. 물론 여성들이 다니기에 상대적으로 좋은 분위기의 여초 직종도 남성 상사나 업무 관계자로부터의 폭력에 취약하긴 마찬가지라는 사실은 또 다른 난점이다.

여성에게 작아지라는 요구가 존재하지 않고, 남성 중심적 직장 환경이 여성을 억압하지 않으며, 여성의 성취가 실제로 이토록 가로막히지 않는 사회였더라면 여성은 지금과 다른 직업을 골랐을 수 있다. 그리고 무엇보다 그런 사회에서는 여성이 많이 종사하는 일이 작다고 여겨지지 않을 것이다.

여초 직장에 종사하는 여성은 직장을 선택한 이유가 '내가 여자라는 점과는 관계없다'고 직업과 성별 사이에 선을 그어야 할 것 같거나, '여자라서 이 일을 하게 되었을 뿐'이라고 직업과 나 사이에 선을 그어야 할 것 같은 마음을 오간다. 직업에 만족하거나 또는 직업과 거리를 두는 자신에게 만족하거나인데, 이 갈등은 우리가 여성이라는 자신의 성별을 대할 때와도 닮아 있는 것 같다. 나의 직업에 대한 멸시 혹은 찬사를 들을 때, 그것이 직장 고유의 특성보다도 여성이 많이 종사한다는 사실에서 비롯하기 때문일 것이다.

사실 여초 직군의 열악한 임금과 차별적 대우를 이야기하기 위해 한 여성이 해당 직업을 선택하는 데에 사회적 압박이 더 크게 작용했는지 혹은 순전히 스스로 선택했는지를 규명하는 것은 중요하지도 가능하지도

않을 것이다. 중요한 것은 여성에게 선택지가 다방면으로
제한된 상황과 그것이 낳는 결과다. 이 문제에서 여성의
잃어버린 임금을 찾아내기 위해서는 이렇게 물어야
한다. 개인이 어떤 동기로 직장을 택하든, 여성의 일이라
여겨지는 직종이 사소하고, 주변적이고, 중요도가 낮고,
부차적이고, 부업이나 소일거리로 여겨지지 않았더라면,
생계를 위한 노동이자 전문성이 인정되는 일로서
대우받았더라면, 여성은 어떤 일을 했을 것이며 그 일에는
과연 어떤 수준의 임금이 매겨졌을 것인가?

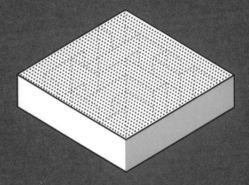

취업을 향한 가파른 길에 들어서기 전부터, 여성은 모르는
사이 덫이 놓인 미로를 걷고 있었다.

여성의 학업 능력은 남성에 비해 우수하다고 알려져 있다. 그런데 이 사실은 결코 여성에게 유리하게 작용하지 않는다. 남성의 합격선은 같은 점수를 받은 여성에게는 탈락을 의미한다. 그 이유는, 여성의 학업 능력이 더 좋기 때문이다. 즉 여자는 원래 학점이 좋으니까, 남자 4.0이면 대단한 거지만 여자 4.0이면 대단할 것도 없다, 같은 논리다. 능력에 따라 보상이 주어진다는 믿음이 통용되며 개인이 받는 보상이 또다시 개인의 능력의 증거라는 사회에서, 여성은 자신과 같은 성별을 가진 이들의 학업 능력이 좋다는 이유로 취업에서 유리하게 작용할 수 있는 조건을 사전에 박탈당하는 셈이다. 그래서 여성이 남성과 비슷한 것을 얻기 위해서는 남성보다 더 높은 수준의 실력을 가져야 한다.

　　　　기업 채용 설명회에 참석한 학사졸업 예정자가 서류 심사 통과에 필요한 학점을 물으면, 성별에 따라 다른 답을 듣게 된다. 4.3을 기준으로 했을 때 여성은 3.9, 남성은 3.5 이상이 필요하다. 이유는? 여성들이 학점이 높기 때문이다. 심지어 이미 기업이 요구하는 남성의 학점 커트라인이 낮지만 성적을 매기는 과정에서부터 여성이 점수를 더 잘 받는다는 점을 감안해 남성에게 좀 더 후한 기준으로 점수를 매기기도 한다. 군대에 다녀와 복학한 남학생은 복학생을 배려하는 교수를 만나면 학점이 한 등급 올라가기도 한다. 전부 실제로 겪거나 직접 들은 일이다.

대학 입시에서는 또 어떠한가. 중앙대학교 남총장 박용성은 신입생 선발 과정에 개입했다. '분 바르는 여학생을 잔뜩 뽑아야 뭐하느냐, 도움이 될 남학생을 뽑으라'는 요지였다. 이에 따라 남학생은 더 후한 점수를 받았고, 서류 평가 기준을 채우지 못했음에도 면접을 볼 기회를 더 많이 얻었다.[1]

그럼 고등학교 입학 과정은? 2015년 자율형 사립고등학교인 하나고등학교가 입학전형 성적을 일부러 조작한 사건이 교사의 내부 고발로 드러났다. 하나고가 조작을 감행하면서까지 더 낮은 점수의 남학생을 끌어올린 것은 이사장의 지시 때문이었는데, 그가 제시한 이유는 '남학생을 많이 뽑아야 학교에 도움이 된다'는 것이었다. 심지어 아예 서류전형 때부터 남학생에게 더 좋은 점수를 주라는 지시가 있어, 서류와 면접 점수를 합산한 엑셀파일에서 조작한 점수도 이미 한 차례 임의적인 조작을 거친 점수였음이 드러났다.[2] 학교의 정원은 정해져 있으니 더 좋은 점수를 받은 여학생이 탈락했고, 상대적으로 더 좋은 점수를 받을 수 있었던 여학생도 낮은 평가를 받아야 했다.

고등학교를 졸업한 후 4년제 대학을 나와 취업을 준비한다고 했을 때, 남학생은 더 낮은 성취로도 면접을 볼 수 있는 기회를 얻고, 더 너그러운 기준으로 통과되고, 때로는 더 낮은 점수로 높은 점수의 여성을 제치고 채용된다. 성적이 누군가의 성취를 평가하는 단하나의 요인이 되어서는 안 되겠지만, 성별 역시 그러하다. 요는 성적이 미달하는 자는 낙오해야 한다는 것이 아니라, 남학생이 연달아 기회를 얻는 동안 그와 같은 정도의 성취를 이룬 여학생이 그만큼 기회를 잃는다는 것이다. 여학생의 학업 성취도가 더 뛰어나다면, 그 이유는 우선 여학생들이 열심히 했기 때문일 것이다. 그러나 여성은 이 노력을 정당하게 성취로서 평가받지 못한다. 만약 제대로 공평하게 평가받았더라면, 그래서 부당한 방식으로 우대받은 남학생들에게 밀려나지 않았더라면, 여성은 채용의 기회를 얼마나 더 확보했을 것이며 어떤 수준의 임금을 얻게 되었을 것인가?

9
자원

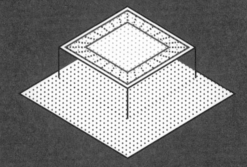

도약을 앞둔 여성 앞에는 딱딱한 발판이, 남성 앞에는
트램펄린이 놓여 있다.

마지막 장은 직장 생활이나 취업 전선에 뛰어들기 훨씬
이전부터 여성이 상대적으로 갖지 못한 유형과 무형의
지지들에 대한 이야기다. 여성과 남성은 아주 어렸을
때부터 이런 '자원'의 차이 속에 자라난다.

가정의 지원

⑦   남자가 혼자 서울까지 가서 공부할 것 있니? 그냥
         지방대에 가렴.

⑦   딸도 아니고 아들인데, 대학 등록금까지 내줄
         수는 없다. 전액 장학금을 받을 게 아니면 대학은
         포기해라.

위와 같은 이유로 서울 내 대학교에 진학할 성적을 받고도
지방 거점의 국립대에 진학하는 일, 여자 형제에게 대학
진학 기회를 양보하는 일, 누나나 여동생을 대학에 보내기
위해 공장에 취업하는 일, 대학에 가면서 자취하게 된 여자
형제의 집안일을 해주는 조건으로 진학을 허락 받는 일은
남성에게는 도통 일어나지 않는다. 반면 성별을 바꾸면
이는 딸들이 현재 겪고 있는 일들이다. 마지막 경우는
제법 사라진 것 같긴 하다. 요즘 버전으로 하면, 무조건 한
번에 붙지 않으면 대학은 포기하라고 해서 하향지원하는

딸과 재수 삼수까지 집안의 전폭적 지지를 받는 아들이
한 집안에 공존하는 이야기가 될 것이다. 혹은 빨리 취업
전선에 뛰어들기 위해 4년제 대신 전문대학에 진학하는
딸이나 대학에는 들어갔지만 교환학생 기회를 단념하도록
권유받는 딸 이야기도 될 수 있다.

모든 경우에 그런 결정을 하게 되는 이유나 각
집안의 사정은 다르겠지만, 형편이 어려워질 때 딸의
고등교육은 아들의 그것보다 더 쉽고 빠르게 포기된다.
혹은 집에 여유가 있음에도 딸의 상급학교 진학을 고의로
막는 부모는 아직 존재한다. 이처럼 의식적으로든
무의식적으로든 부모가 자녀에게 주는 정신적·경제적
자원이 성별에 따라 달라진다면, 자녀가 무언가를 성취할
가능성도 성별에 따라 처음부터 달라진다고 할 수 있다.
뿐만 아니라 어떤 성취는 그에 합당한 결실로 이어지지
못하고 도중에 가로막혀버리기도 한다.

경제적 지원만큼이나 심리적인 지지도 성과를
내는 데 중요한 요소다. 그런데 딸의 교육에 돈을 아끼지
않는 부모라 할지라도, 아들과 달리 딸에게는 도전하라며
용기를 불어넣기는커녕 오히려 제지하곤 한다. 이를테면
'딸을 고생시키기 싫어서'와 같은 이유라 하더라도 그렇다.
대담함, 용기, 모험, 도전과 같은 단어가 여자 아이에게
어울리지 않는 사회 인식 속에서 부모가 자연스럽게
딸에게 하게 되는 말과 행동은 차별과 동일한 결과를
낸다. 어떤 어려움이 예상되는 진로를 자녀가 원할 때에

-

아들에게는 지지와 용기를, 딸에게는 걱정과 만류를
안기는 것은 이들의 성장에서 큰 차이를 만들어낸다.

두 현상은 물론 복합적으로도 일어난다. 자녀가
경제적 결실을 거두기 어렵거나 사회가 인정하는
확실한 성취와 멀어 보이는 길로 뛰어들고자 할 때,
부모가 리스크를 감수하고 투자하고 응원하는 일이
딸에게 더 적게 일어나는 것이다. 또한, 부모가 성별에
관계없이 기꺼이 지원할 용의가 있다고 하더라도 사회가
만들어둔 분위기에서 여아는 미리 자신이 가고자 하는
길의 어려움과 자신이 지원을 받고 있지만 실패가 좀체
허용되지 않으리라는 사실을 훨씬 선명하게 인식한다.
이는 지금까지 살펴본 차별적 환경 속에서 성취를
이루고자 했던 모든 여성이 그랬듯, 더 많은 노력으로
이어진다. 같은 학교, 같은 학과에 입학한 여학생이
남학생에 비해 입학 성적이 높고 집안의 경제력이 더 좋은
경향을 목격했다면 그것은 그저 우연이 아니며 우리가
아직 오로지 극소수의 부잣집 딸만 대학에 진학할 수 있던
과거로부터 완전히 떨어져 나오지 못했기 때문이라고
보아야 한다. 여성은 자원을 확보하고 원하는 길을 고집할
수 있기까지, 성장 과정에서 이미 더 많은 허들을 넘어야
한다.

サ

사회의 지원

여성은 양육자의 물적, 심적 지지뿐 아니라, 성과를 내는
데 필수적인 스스로의 심리적 자원도 충분히 가지고
있지 못하다. 여성이 선천적으로 열등하다는 편견은
여성 개인의 성과에 즉각 영향을 미친다. 전통적으로
남성이 잘하는 분야라고 알려져 있는 수학이 대표적이다.
캐나다에서 3년간 학생들을 대상으로 진행한 연구 결과에
따르면, 남성이 여성보다 유전적으로 수학을 더 잘 한다는
글을 읽은 여학생들은 다음 시험에서 이전보다 낮은
성적을 받았다. 반면 성별과 수학 실력이 후천적인 상관이
있거나 아예 상관이 없다는 글을 읽고 수학 문제를 푼
이들은 점수가 낮아지지 않았다.[1]

여학생들은 이렇듯 스스로의 능력을 불신하면서
자라는 반면, 남학생들은 자신의 실력을 과대평가하면서
자란다.[2] 여학생은 자신이 여성이기 때문에 아무래도
수학은 못할 수밖에 없다고 느끼고 그것이 실제로 성과에
영향을 미치는데, 남학생은 주변과 자신의 기대대로
스스로가 수학을 잘한다고 믿는다. 비록 지금은 아니라도
결국은 잘하게 될 것이라는 주변의 기대를 받으면서
수학에 상대적으로 거부감을 느끼지 않을 수 있으며, 이
역시 실제 성과로 이어진다. 스스로에게 거는 기대가 실제
결과로 이어지는 효과를 뜻하는 자기충족적 예언이 빛을
발하는 순간이다. 그리고 이런 결과가 남자는 수학을

잘하고 여자는 수학을 못한다는 기대를 또다시 강화한다.

여성은 남성에 비해 스스로의 성공에 대한 믿음을 더 적게 갖는다. 이런 심리 자원의 부재는 분명 실제 성공에 부정적인 영향을 미친다. 그러나 남성 자신 그리고 주변인들의 지지와 믿음 속에 단단하게 지켜져왔던 '남자는 수학에 강하다'는 신화도 무너지고 있다. 수학 분야에서 여성이 점점 더 강세를 보이고 있으며, 특히 성차별이 적은 사회일수록 여학생은 수학에서 남학생을 앞질렀다.

그런데 이런 변화가 나타나자 사회는 돌연 남학생이 학교생활에 적응하지 못한다는 점을 염려하기 시작했다. 남학생의 뇌 발달이 느리게 이루어지기 때문에 기존 교육제도가 남학생에게 불리하다는 것이다. 미국에서는 대학에 남학생이 부족하다는 이유로 유치원부터 길러지는 반교육 정서, 남학생의 흥미를 떨어뜨리는 교육기관, 여학생에게 느끼는 상대적 박탈감, 굳이 노력과 돈을 들여 대학에 갈 필요가 없어져버린 사회 등을 문제시하면서 성비 균형을 맞추려면 초등학교까지 찾아 나서 남학생을 유치해야 한다는 주장이 나왔다. 이들이 남학생 '멸종'이라 표현하는 상황은, 그해 대학 신입생 가운데 남학생의 비율이 여학생보다 6퍼센트 적음을 뜻한다. 대학이 여성의 생물학적 열등성을 근거로 오랫동안 여성의 진입을 금지했던 기관임을 생각해보면 상당히 의아한 반응이다.[3]

이렇듯 사회는 여성의 심리 자원을 박탈할 뿐
아니라 남성의 심리 자원을 보충하는 데 열성을 다한다.
남성의 성취가 낮게 나타나면, 학교를 비롯한 사회는
뇌과학과 경제학을 총동원하여 남성의 거취를 염려한다.
남자 아이들은 내신 점수는 낮지만 수능에 강하다,
원래 늦되지만 그런 만큼 대성한다는 온 사회의 격려가
쏟아진다. 이는 당장 성과를 내지 못하는 남성의 심리
자원을 북돋우고 지켜주는 안전망이 된다.

여자 아이들에게는 이런 안전망이 부재할 뿐
아니라, 삶의 방향을 결정하기 위해 참고할 수 있는 롤
모델도 극히 적다. 따라서 여성은 취업 전선에 뛰어들기
훨씬 전부터, 그러니까 좋아하는 일 중에서 무언가를
포기하는 기로에 서기에 앞서 일단 좋아하게 되는 일의
가짓수가 더 적다. 선호와 취향을 만들어나갈 때 여성은
여러 분야에서 성공한 여성을 남성에 비해 보기 어려우며
따라서 어떤 길은 여성인 자신에게 불가능하다고
생각하게 된다. 이때 여성이 선망하고 열망하는 대상의
폭은 남성에 비해 훨씬 편향될 수밖에 없다. 승진하기가
더 어렵고, 채용에 필요한 요건이 더 많고, 일터에서
여성이 쉽게 쫓겨나며 수많은 여성의 가능성을 낮잡는 이
사회가, 이제 막 시작하는 여성들의 가능성마저 제한하는
결과를 낳는 것이다.

여자애들이 학교에서 더 잘하더라는 말은
역차별을 주장하는 이들의 근거로 자주 언급된다. '결과가

동등하지 않은 것'을 차별이라 해석하는 것이다. 그러나 점수는 각자가 얻은 결과이고 차별은 결과를 취급하고 대우하는 과정에 대한 이야기다. 점수에서 차이가 난다는 사실만으로는 차별에 대해 아무것도 설명할 수 없다. 학업 성취도라는 결과를 만드는 데에 지역이나 경제 계층 같은 요소가 관여하는 건 사실이다. 그러나 성별에 관해서만 이야기하자면, 오히려 성장 과정에서 기회를 덜 얻는 쪽은 여성이다. 소외된 계층 내에서도 여성이 더 심하게 소외됨은 물론이다. 여성이 교육에 접근할 수 있게 된 지 얼마 지나지 않아 남성보다 높은 성취를 보이기 시작했다는 사실은 여태까지 여성을 열등한 존재로 취급해왔던 성차별이 얼마나 터무니없었는가를 입증한다. 결과만을 보고 이제 여아가 더 잘하니 남아를 더 많이 지원해야겠다는 결정을 내리는 건 평등으로부터 적극적으로 멀어지겠다는 선언과 같다. 여성의 학업 성취도가 높게 나타나는 이유를 딱 잘라 말할 수는 없으나, 분명 자원을 덜 가지고 살아왔고 살아가야 할 여성의 절박함도 한몫했을 것이다. 그러니 차라리 여아가 덜 절박할 수 있고 더 실패할 수 있는 환경을 만드는 데 골몰해야 한다.

　　　부모가 여아라는 이유로 더 적게 투자하지 않고, 스스로의 실력을 의심하거나 과소평가할 환경에 놓이지 않고, 실패해도 그다음을 당연하게 생각할 수 있고, 어떤 선택지든 자신은 그걸 선택할 수 없다고 생각할 필요가 없었더라면, 어떤 가능성도 지레 버릴 필요가 없었더라면. 도달하기에 불가능해 보이지만 원하게 되어버린 어떤 것을 얻기 위해 그곳에 도달할 길을 열과 성을 다해 궁리할 필요가 없었더라면……. 우리는 다음과 같이 마지막으로 질문해볼 수 있다. 그랬더라면, 이제 막 새롭게 사회에 도착한 이 구성원의 삶에 펼쳐진 길은 얼마나 곧고도 넓겠는가?

끝—혹은 시작

여태까지, 우리는 임금노동을 하는 여성의 일터에서
출발하여 전 생애를 거슬러 올라가보았다. 그렇다면
이제는 답을 구할 수 있을까? 질문이 여전히 미흡하다면
이렇게 바꾸어본다면 어떨까.

여성이 살아가는 데에 필연적으로 더 많은
지출이 수반되는
오늘날의 한국 사회에서
임금노동을 하며 살아가는 여성이 자신의 능력을
의심하거나 평가 절하하게 하는 심리적인 장벽이
존재하지 않고
성장 과정에서 보호자로부터 심리적, 물질적
지지를 받는 데 성별에 따른 제약이 없고
사회가 남성의 성취를 더 높게 사지 않고
고를 수 있는 직업의 선택지가 성별 때문에
줄어드는 일이 존재하지 않고
채용 시에 남성을 더 선호하지 않고
여성이 외모를 가꾸느라 시간과 자원을 들이는
일이 직장 생활에 필수적이지 않고
퇴근 후에 타인 몫의 재생산노동을 대신 하는
데에 시간, 체력, 정신력을 쓰지 않고

남성이 하는 일이 더 중요하게 여겨지지 않고
남성의 승진이 당연시되지 않는 사회에서
임금노동을 했다면
받았을 급여를 기준으로 하여,
더 받았어야 할 임금의 액수를 구하시오.

지금으로서는 문제가 더 길어진들 답을 낼 도리가 없다.
그래도 성별임금격차라는 지표에 채 담기지 못한 요소가
무엇일지는 떠올려볼 수 있다. 한국의 성별임금격차는
OECD에서 조사가 실시된 이래로 한 번도 1위를 놓친
적이 없을 정도로 이미 뚜렷하지만, 이 심각한 수치조차도
치밀하게 직조되어 여성을 부당하게 빈곤으로 몰아넣는
성차별주의의 겨우 일면만을 담고 있음을 느끼기에는
충분할 것이다.
　　　게다가 우리의 막막함을 다소 해결해줄 구체적인
힌트도 있다. 최근 매킨지글로벌 연구소가 성평등으로
얻을 수 있는 경제 효과의 총합을 계산해냈다. 연구에
따르면 2015년을 기준으로 사회가 지금처럼 유지될 때,
10년 뒤인 2025년까지 전 세계적으로 이루어질 경제
성장의 규모는 약 33조 달러에 달한다고 한다. 그런데
여기에 완전한 성평등이 실현된다는 가정만으로 추가
창출되는 경제 효과는 28조 달러다.[1] 미국과 중국의
1년 치 GDP를 합친 만큼이다. 단지 성평등이 실현되지
않았기 때문에, 모두가 지구상에서 가장 부유한 두

끝―혹은 시작

나라의 국내총생산을 만큼의 경제 가치를 잃어버리고
있다는 말이다. 여기서만큼은 성별을 불문하고 그렇다.
여성의 경제력을 빼앗음으로 인하여 추가적으로 발생할
수 있는 이득에 접근하지 못하는 건 여성만이 아니다.
예를 들어 여성의 경력 단절로 인해 한국에서 발생하는
손실은 매년 15조 원으로 산출됐다.[2] 최근 IMF 총재
크리스틴 라가르드는 연설에서 기업에 고위직 여성이
늘어날 때마다 수익성이 올라간다는 연구를 인용하기도
했다. 유럽 소재 기업 200만 곳을 대상으로 진행한 이
연구에 따르면 기업에서 임원급 여성이 1명 늘어날 때
총자산이익률이 8~13bp 올랐다.[3] 이처럼 국가의 불필요한
재정 지출을 막고, 인구 감소와 고령화가 동시에 진행되는
사회에서 노동력 낭비를 피하고, 기업의 생산성을
증대함으로써 발생하는 경제 효과는 결국 남성에게도
돌아간다. 그런데도 남성중심주의는 성평등을 온
힘으로 거부하고 있다. 공정함이 오히려 더 많은 결실을
가져다 줄 수 있음에도 여성과 함께 더 많이 가지느니 덜
성장하면서라도 여성의 몫을 빼앗는 쪽을 택한 것이다.

      어쨌든 남성은 그렇다 치고, 숫자만으로는 감도
오지 않는 이 거대한 파이에 여성인 우리 각자의 몫은
대체 얼마나 포함되어 있을까? 물론 인간의 노동이 전부
돈으로 환산될 수 있는 것은 아니다. 임금노동은 인간이
삶에서 행하는 노동의 일부일 뿐이다. 그리고 인간의
재능이나 노력이 경제적으로 보상받아야만 의미가 있는

것도 아니거니와 그럴 수도 없다. 어떤 분야에서 보이는 재능과 돈을 버는 능력은 별개이고, 무엇보다 능력과 부 사이에는 적성이라는 종잡을 수 없는 변수가 있다. 성차별이 사라진 세상에서 여성은 지금보다 오히려 더 적은 돈을 벌게 될 수도 있다. 이 사회에서는 여성이 직업을 결정할 때 무언가를 하지 못하도록 하는 제지뿐 아니라 무언가를 고르게끔 하는 권유가 양쪽에서 선택의 폭을 좁혀오기 때문이다. 따라서 성차별이 사라진 세상에서는 현재 적지만 꾸준한 수입을 벌어들이는 일을 하는 여성이 오히려 수입이 더 낮거나 없는 예술가나 학자의 길을 선택할 수 있다. 이처럼 부는 진로를 결정할 때 고려하는 다양한 요소 중 하나다.

그러나 이 지점을 지적한다고 해서 주장을 뒤집을 여지가 생기지는 않는다. 우선 임금노동이 아닌 노동 중 큰 부분을 차지하는 가사노동이 전통적으로 여성의 차지였다는 사실만 계산에 넣어도 여성이 견뎌온 빈곤의 역사가 얼마나 부당한지가 훨씬 명백해진다. 또한 앞서 언급했듯 부의 축적은 다양한 경로로 이루어진다. 현재 전 세계에서 여성은 인간에게 필요한 노동의 66퍼센트를 하면서도 지구상에서 얻을 수 있는 수입 중 단 10퍼센트만을 얻으며, 전체 자산의 1퍼센트만을 점하고 있다.[4] 그러니 임금소득에 다른 소득을 더하고 임금노동에 다른 노동을 더해 다시 계산해본다면, 오히려 여성의 배제가 얼마나 다차원적으로 이루어지는지를

끝―혹은 시작

풍부하게 조망할 기회가 될 뿐이다. 성차별 없는 사회에서 여성들이 다른 선택을 함으로써 수입이 더 불안정해질 것으로 예상되는 경우도 마찬가지다. 자신의 선택에 따라 삶을 결정하는 자유란 돈으로 환산할 수 없는 가치임을 제외해도, 성차별주의가 사라진다면 지금 몸담은 직종과 다시 고르고자 하는 직종에서 여성에게 얼마만큼의 대우와 가능성이 주어질지를 각각 떠올려보는 데 의미가 있다. 이렇게 해서 우리는 지금의 여성들이 어떤 가능성을 빼앗긴 채 살아가는지 좀 더 실감할 수 있다. 그리고 이때 빼앗긴 가능성은 비단 살아 있는 여성에 한한 이야기가 아니다.

전 세계에서 매년 약 1억 명의 여성이 오직 성별 때문에 사라진다. 목숨을 잃거나 생사도 확인되지 않게 자취를 감추어버린다. 한국, 중국, 인도, 멕시코를 비롯한 전 세계에서 여아는 태어나기 전에 감별당해 죽고, 태어나면 영아 살해를 당하고, 태어난 뒤에도 배우자에게, 가족에게, 동료에게, 혹은 낯선 사람에게, 구애를 거절해서, 지참금이 없어서, 할례를 당해서, 여아에게까지 돌아갈 식량이 없어서, 의료 지원을 받지 못해서, 콘돔을 거부한 남성에게 성병이 옮아서, 강간을 당해 가문의 명예를 더럽혀서, 설익은 강낭콩 껍질을 벗겨서, 혹은 그 어떤 이유도 없이 죽임을 당한다. 인신매매를 당해 영영 실종되기도 한다. 임금에 집중했기에 이들에 대한 이야기는 하지 않았지만, 여성은 다양한 기회를 박탈당하며 이중에는 삶의 기회도 있다. 여성이기 때문에 잃어버린 가능성을 이야기하면서 반드시 산 여성만을 떠올린다는 것도 실로 어색한 일이다.

비록 일상에서 입에 올리기 껄끄러운 문제일 수는 있지만, 돈은 매우 중요하다. 지구에서 한 성별이 66퍼센트 노동함에도 수입으로 10퍼센트만을 가진다는 점을 확인했을 때, 이것은 더 이상 각자의 삶에 자족하는 차원으로는 결코 해결될 수 없고 그래서도 안 될 불평등의 문제가 된다. 자원의 재분배를 점검해보아야 한다. 임금은 우리가 여태 누려온 온갖 종류의 자원에 기반해 결정되며, 앞으로 누릴 수 있는 물질적·비물질적 자원을 결정한다. 그 자체가 노동에 주어지는 경제적 가치일 뿐 아니라 직업을 통해 얻고자 하는 또 다른 가치가 분배되는 방식을 나타내는 지표이며 이렇게 결정된 가치들은 서로 영향을 주고받는다. 여성의 임금이 이유 없이 깎여나가는 직장에선 명예, 명성, 인정과 같이 구체적으로 측정할 수 없는 다른 가치도 함께 깎인다. 그리고 그 가치들은 다시금 임금을 낮게 매겨도 될 근거로 쓰인다. 비록 임금이 한 인간의 값을 뜻하지 않지만, 한 직종에서 임금이 결정되는 과정을 통해서 성별을 이유로 더 주어지거나 덜 주어지는 게 필시 임금만은 아님을 추측해볼 수 있는 것이다.

삶을 일구어나가는 데 돈은 중요하며, 노동에 대한 보상으로서의 임금이 공정하고 합당하게 분배되었는가를 따지는 일은 그 중요성을 훨씬 넘어선다.

끝―혹은 시작

우리에게 주어진 임금은 결코 경제 논리로만 설명될 수
없으며 우리가 그것으로 행사하게 되는 경제력 이상을
의미한다. 이 점이 성별에 따른 부의 불평등을 설명할 수
있는 다양한 방법 가운데 임금소득에 집중하기로 결정한
가장 큰 이유였다.

인간의 능력이 경제적 가치로 완벽히 환산되는
능력주의 사회에 살고 있다는 믿음은 현실과 동떨어져
있다. 능력주의가 옳은가를 논하는 데까지 가기도 전에,
이미 능력을 중시한다는 표면적 원칙 자체가 제대로
지켜지지 않고 있다. 어떤 경우 모두가 이미 이 사실을 잘
알고 있는 듯하다. 능력이 있으면 성공한다면서도 사실상
부모의 경제력과 연줄이 더 많은 것을 좌우하는 기만적인
세상에 분개할 때는 아무 이견이 없다. 그런데 여성에게
주어지는 낮은 대우는 한 치의 의심도 없이 여성의 능력에
따른 확실한 증거로 취급되곤 한다. 이때 능력주의는 돌연
신성하고 강고해진다. 그러니 능력주의에 대하여 우리가
개인적으로 어떤 입장을 가지든, 이에 어설프게 입각하여
여성의 낮은 임금을 여성의 무능함으로 입증하려는
시도를 무력화해야 한다.

금전적인 대가가 생존에 필수적인 오늘날의
사회에서, 여성은 자신의 능력으로 받아냈어야 할
수준에 턱없이 못 미치는 임금을 받는다. 이 한 가지만은
확실하게 말할 수 있다. 바꾸어 말하면, 이 한 가지를
제외하고는 여전히 무엇도 확실치 않다. 그러나 그렇기

때문에 더욱 더, 우리는 답을 구할 수 없는 조건 속에서도 이 문제에 끈질기게 매달려야 한다. 답에 가까워지려는 노력을 거듭한다면 여성은 지금껏 모르고 지나쳤던 임금 차별의 국면들을 보다 세세히 포착할 수 있다. 그럼으로써 진작 거머쥐었어야 할 임금을 얻어내서 생활 여건을 실질적으로 개선하는 순간을 현실로 불러들이게 될 것이다.

여기까지는 엉성하기 짝이 없던 질문을 보완하는 과정에 불과했다. 답을 찾는 일은 지금부터다. 책을 덮고부터는 책 바깥에서, 다시 말해 각자가 현재 몸담고 있는 노동 환경에서 그리고 각자가 여태껏 살아왔던 삶의 걸음걸음에서 단서가 되어줄 만한 기억을 낱낱이 떠올려야 한다. 우연히 마주치는 순간들을 붙잡아야 한다. 누군가 파악한 덕분에 미처 간과하지 않을 수 있었거나 지금껏 아직 말해진 적 없어서 간과되고 있을 모든 퍼즐 조각을 남김없이 긁어모아야 한다.

여성이 자기만의 방과 일정한 돈을 얻을 수 있도록, 역사에 걸쳐 많은 이들이 싸워왔다. 거머쥐는 돈의 격차를 줄이기 위한 투쟁은 끊임없이 계속되고 있다. 그러나 오직 각자의 경험으로만 발견될 수 있는 수많은 면면이 한 번도 드러나지 않아 어떤 현실, 어떤 투쟁에도 반영되지 못한 채 가라앉고 있기도 하다. 우리는 자신이 몸담은 일터에 대하여 말하는 동시에, 듣지 않으면 모를 타인의 이야기를 경청하며 어지럽게 흩어진 퍼즐을

끝—혹은 시작

완성해나갈 수 있다.

　　　　떠올릴 수 있는 것을 전부 떠올리고 무엇을 더 떠올려야 할지 상상력을 발휘했다면, 함께 모여 사다리를 타고 올라가야 할 만큼 커다란 칠판에 이야기를 가득 적어가며 답을 구해보자. 이 모든 과정이 그저 막막하게 느껴진다면 역시 정상이다. 다만 낙담할 필요는 없다. 역사적으로 여성들은 영영 드러나지 않을 줄만 알았던 것을 기어코 드러나게 하는 데 탁월한 소질이 있었다. 드러난 이상 시간이 얼마나 걸렸든 반드시 바뀌었음은 물론이다. 이번에도 다르지 않을 것이다.

주

시작

1 https://data.oecd.org/earnwage/gender-wage-gap.htm

2 매일경제, 「금복주, 60년간 '예비신부 강제퇴사'」, 2016. 8. 24.

3 한겨레, 「남·여 임금 차이 가장 큰 기업은? 외환은행 무려…」, 2013. 3. 10.

4 조선닷컴, 「국내 전체 부(富) 중 상속재산 비중 42%」, 2015. 11. 17.

1   승진

1 전북일보, 「전주우체국 박찬례 첫 여성 국장 "4차 산업혁명 발빠르게 대응, 지역경제 활성화 앞장설 것"」, 2017. 7. 9.

2 조선닷컴, 「내놓는 메뉴마다 '인생음료'…스타벅스 음료개발팀 이끄는 박현숙 팀장」, 2017. 6. 27.

3 여성신문, 「[국회 '유리천장'에 막힌 여성 보좌진 ①] 4급엔 5.9%, 9급엔 74%… 직급별 차이 '뚜렷'」, 2017. 7. 4.

4 이화여자대학교 리더십개발원 기획, 장필화 외 지음, 『페미니즘, 리더십을 디자인하다』, 동녘, 2016.

5 이투데이, 「신순철 신한은행 부행장 "저도 '未生' 선 차장 시절 있었죠"」, 2015. 1. 7.

6 이투데이, 「"대기업 여성임원 1세대 대표주자? 입사 첫 업무는 청소"」, 2017. 2. 2.

7 통계청 자료, 「2017 통계로 보는 여성의 삶」, 링크 https://kostat.go.kr/portal/korea/kor_nw/2/1/index.board?bmode=read&bSeq=201&aSeq=361305&pageNo=1&rowNum=10&navCount=10&currPg=&sTarget=title&sTxt=

8 매일경제, 「대기업 유리천장 여전…女임원 2.7%뿐」, 2017. 7. 26.

9 아시아경제, 「여성이라 1250만원 덜 받아…이통업계 男女임금격차 여전」, 2017. 8. 18.

10 *Forbes*, "A New Obstacle For Professional Women: The Glass Escalator", 2012. 5. 21.

11 주간경향, 「광고 속 남녀 역할 함부로 규정짓지 마라」, 2017. 8. 8.

2   고과

1 레디앙, 「여성이라서 승진 안 된 사람 모여라」, 2006. 11.

29.

2 정유정, 『7년의 밤』, 은행나무, 2011.

3 조선닷컴, 「'3無 소설가' 정유정 돌풍」, 2011. 5. 30.

4 『한겨레21』 1170호, 「여자를 '기억'하고 '기록'하다」.

5 https://womenscience. wordpress.com/gender-stereotypes/matilda-effect/

6 http://www.psychologyconcepts.com/matthew-effect/

7 노컷뉴스, 「'칸의 여왕' 말고 '배우'…전도연의 20년 탐구보고서」, 2017. 7. 18.

8 TV Report, 「문소리 "충무로 남성중심 세계관, 안타깝다"」, 2014. 12. 4.

9 세계일보, 「'미씽' 공효진 "촬영장에만 가면 페미니스트 되더라"」, 2016. 12. 7.

10 김혜경 외, 『가족과 친밀성의 사회학』, 다산출판사, 2014.

11 문승숙, 『군사주의에 갇힌 근대』, 또하나의문화, 2007.

12 통계청 자료, 「2017 통계로 보는 여성의 삶」, 링크 https://kostat.go.kr/portal/korea/kor_nw/2/1/index.board?bmode=read&bSeq=201&aSeq=361305&pageNo=1&rowNum=10&navCount=10&currPg=&sTarg

et=title&sTxt=

13 한겨레, 「저소득·장시간노동에 홀로 육아…'한부모' 56만 명 고단한 삶」, 2016. 3. 22.

14 중앙일보, 「주부가내부업 품삯 너무 싸다 | 여성개발원서 서울시 저소득층지역 8,050명 조사」, 1990. 2. 7.

15 e-나라지표 사이트 통계, 링크 http://index.go.kr/potal/main/EachDtlPageDetail.do?idx_cd=2714

16 뉴스핌, 「양육비 안주는 나쁜 아빠, 엄마의 7배」, 2017. 3. 24.

17 SBS스페셜 E.439 "엄마의 전쟁".

18 한국일보, 「기업 45.6%, "육아휴직·출산휴가 사용시 불이익 준다"」, 2017. 4. 26.

19 쿠키뉴스, 「LG생활건강, 여성 위한 기업 맞나…여성근로자에 임신·출산 불이익」, 2017. 9. 28.

20 머니투데이, 「"돌봄노동만 여성 일자리?" 저숙련·저임금 업종 '수두룩'」, 2017. 1. 20.

21 여성가족부, 「2017 경력단절여성 등의 경제 활동 실태조사」.

22 장서영, 「고학력 경력단절 여성의 노동시장 재진입 과정에 관한 질적 연구」, 2008.

23 넥스트데일리, 「이공계

경력단절 여성, 연 2300만원 지원과 경력 복귀의 길 열려」, 2017. 2. 21.

24 *Boursier.com*, "Sexisme : Google tente d'éteindre l'incendie", 2017. 8. 8.

3 동일 직급

1 경향비즈, 「남녀 임금격차, 가장 큰 이유는 '그냥'」, 2015. 5. 25.

2 Catherine C. Eckel and Philip J. Grossma , "Are Women Less Selfish Than Men?: Evidence from Dictator Experiments", 1998.

3 *Independent*, "Female university graduates dramatically underestimate their worth contributing to gender pay gap", 2017. 7. 20.

4 Andreas Leibbrandt and John A. List, "Do Women avoid salary negotiations? Evidence from a large-scale natural field experiment", 2012.

5 *Marie Claire*, "Jennifer Lawrence évoque les inégalités salariales à la télévision française", 2016. 12. 23.

6 뉴스핌, 「'배트맨 대 슈퍼맨: 저스티스의 시작' 헨리 카빌 "영화 찍는 이유? 솔직히 돈도 있어"」, 2016. 3. 12.

7 *ELLE*, "Emma Stone : elle a réussi à convaincre ses collègues acteurs de baisser leur salaire", 2017. 7. 11.

8 세계일보, 「출연료 대비 흥행성적 좋은 배우 톱10은」, 2015. 12. 22.

9 여성신문, 「BBC 임금 성차별 논란… 영국 사회 변화 일으킬까」, 2017. 7. 26.

10 시사저널, 「"옆자리 동료의 월급을 알려 달라"」, 2017. 2. 18.

11 『씨네21』, "영화계 내 성폭력 사태 두 번째 대담: 이미연·홍지영·부지영·박현진 감독", 2016. 11. 16.

12 아시아투데이, 「1인 시대 여자 혼자 사는 원룸 '범죄표적'… "CCTV 설치 시급"」, 2017. 8. 10.

13 JTBC 뉴스, 「1인 가구 여성 절반은 월 소득 100만원↓… 유리천장 여전」, 2017. 6. 28.

14 *Lapresse*, "Demande d'action collective contre la «taxe rose»", 2017. 2. 14.

15 *Radio Canada*, "Faut-il une loi pour combattre la «taxe rose»?", 2017. 1. 10.

16 『한겨레21』 1175호, "남성 팬티를 입는 여성들".

17 SBS뉴스, "빨간 립스틱 안 바르면…" CGV '꼬질이' 벌점」, 2016. 3. 31.

4   여건

1 한겨레, 「고작 '7분' 줄었다… 지난 5년간 남녀 가사노동 시간 격차」, 2015. 7. 2.

2 통계청, 「한국인의 생활시간 변화상(1999년~2014년)」.

3 삼성서울병원, 「워킹맘의 스트레스, 누가 날려줄 수 있을까?」, 2016. 10. 10.

4 『코즈모폴리턴』 2015년 8월호, "여자들아! 오피스에서 이것만 지켜줘".

5 연합뉴스, 「'월 105시간 초과근무' 광고회사 덴스 신입사원 자살 파문」, 2016. 10. 15.

6 연합뉴스, 「필리핀, 여성직원에 하이힐 착용 강요 금지… "건강 위협"」, 2017. 8. 27.

7 문화저널21, 「"살 쪄서 여자로 매력없어"…LG생활건강 부당노동행위 '논란'」, 2017. 9. 27.

8 *Huffingtonpost*, "Women Must Be Nice To Gain Influence At Work, Study Finds", 2017. 8. 3.

5   고용 안정성

1 애너벨 크랩, 『아내 가뭄』, 황금진 옮김, 동양북스, 2016.

2 여성신문, 「여성 취업의 덫, 결혼퇴직제 판례 ⑬」, 2014. 1. 14.

3 중앙일보, 「'여성 25세정년'의 벽은 무너지는가 | 어느 여사원 '윤화 사건' 고법 승소가 뜻하는 것」, 1986. 3. 5.

4 허윤정, 『2014년도 제4차 국회 여성가족포럼 자료집』 「여성의 경력단절 현황 및 사례연구」.

5 법률신문, 「세계여성법관회의 주제 발표 : 사내부부 중 아내의 일괄 사직서 제출의 효력」, 2010. 5. 20.

6 한국여성민우회 자료실, 「농협 사내부부여직원 우선해고에 대한 성명서」, 2006. 8. 22.

7 노컷뉴스, 「"사내결혼이 죄인가요?" 이번엔 농협 '부부사원 퇴사 강요'」, 2016. 3. 28.

8 매일노동뉴스, 「직장내 성희롱 피해자 10명 중 7명 끝내 퇴사」, 2015. 10. 26.

9 매일노동뉴스, 「출판계 종사자 10명 중 7명 성폭력 피해 경험 있어」, 2016. 11. 11.

10 JTBC 뉴스 앵커브리핑, 「우리는 이미 들켜버렸습니다」, 2016. 6. 8.

11 조계완,『우리 시대 노동의 생애』, 앨피, 2012.

12 여성신문,「'을 중의 을' 여성비정규직, 임금은 고작 남성정규직의 36%」, 2017. 5. 11.

6 취업

1 엠스플뉴스,「"여자 떨어뜨려라" 지시에…KBO 면접 점수 조작 의혹」, 2017. 8. 21.

2 중앙일보,「"여자는 출산·휴직하니 채용 말라" 가스안전공사, 점수조작 7명 탈락」, 2017. 9. 28.

3 동아닷컴,「"여자는 뽑지마"… 면접순위 바꿔 女지원자 탈락시킨 前 가스안전공사 사장」, 2017. 9. 27.

4 한국경제,「남성들은 하루에 10번씩 '흡연 타임', 여직원은 점심 10분만 늦어도 '눈치'…상사의 성차별에 가슴앓이만ㅠㅠ」, 2016. 10. 17.

5 한국경제,「공시(公試) 여인천하…남녀채용비율 '할당해서 남(男) 주나'」, 2016. 10. 7.

6 http://alamama.tistory.com/126

7 Uhlmann, Eric Luis and Cohen, Geoffrey L., 'Constructed Criteria: Redefining merit to justify discrimination', psychological Science, June 2005, 16, pp474-480, doi:10.1111/j.0956-7976.2005.01559.x,『아내 가뭄』79쪽에서 재인용.

8 Moss-Racusin, *Science faculty's subtle gender biases favor male students*, Princeton, August 21, 2012.

9 중앙일보,「아무도 가르쳐 주지 않는 오케스트라의 10가지 비밀」, 2009. 3. 19.

10 김엘림,「여성의 인권침해고발사건: 고용상의 여성용모제한의 문제」, 민주주의 법의학연구회 자료실.

11 뉴시스,「KTX여승무원들 "당신의 키와 나이는 몇 점 이십니까"」, 2006. 10. 16.

12 여성신문,「기업맞춤형 외모 있다?…"취업 성형 고민 중"」, 2017. 2. 6.

13 오마이뉴스,「일하는데 얼굴이 무슨 상관이죠?」, 2000. 10. 26.

7 진로 선택

1 매일노동뉴스,「어느 학교급식 노동자의 산재사건」, 2011. 11.

16.

2   JTBC뉴스, 「'매 맞는 텔레마케터' 도움 요청했지만…」, 2014. 2. 23.

3   프레시안, 「돌봄 노동자도 제대로 쉬어야 한다」, 2017. 6. 12.

4   다음 스토리펀딩, 「KTX여승무원 싸움은 끝나지 않았다」 6화.

5   *The New York Times*, "As Women Take Over a Male-Dominated Field, the Pay Drops", 2016. 3. 16.

6   동아일보, 「세계의 눈, 러시아 經濟(경제)의 현주소」, 1992. 7. 9.

7   중앙일보, 「남녀고용차별 심판대에 | "같은 일하는데 낮은 보수 부당"」, 1991. 4. 8.

8   성취도 평가

1   한겨레, 「박용성 "분 바르는 여학생들 잔뜩 오면 뭐하나"」, 2015. 5. 20.

2   경향신문, 「"하나고, 남학생 늘리려 입시 조작" 현직 교사 폭로」, 2015. 8. 26.

9   자원

1   EBS뉴스, 「여학생은 수학에 약할까?」, 2015. 10. 27.

2   Huffingtonpost, "Men Totally Overestimate Their Math Skills And It May Explain The STEM Gender Gap", 2015. 6. 25.

3   세계일보, 「'여고남저' 갈수록 심화… 남학생 찾아 나선 대학들」, 2017. 8. 9.

끝―혹은 시작

1   매킨지 글로벌 리포트, 「How advancing women's equality can add \$12 trillion to global growth」, 2015. 9.

2   이데일리, 「'경단녀' 200만명..사회적 비용손실 연 15조 달해」, 2014. 8. 28.

3   *Fonds Monétaire International*, "La femme et l'économie coréennes peuvent s'épanouir ensemble", 2017. 9. 5.

4   BFM TV, "Travail, revenus: les inégalités hommes-femmes dans le monde en chiffres", 2014. 9. 6.

후기

2016년 가을, 트위터 사용자들의 고발로 각계의
성폭력이 각자의 윤곽을 드러냈던 때를 잊지 못한다.
#OO_내_성폭력이라는 해시태그가 그 빙산 같은 폭력을
차츰차츰 들어 올리던 모습에서 눈을 떼지 않던 나는
새삼스레 버려진 재능을 생각했다. 무슨 일을 하고
살까 진지하게 고민하던 10대 중반에 내가 그 일을
오롯이 원하는가를 생각하기에 앞서 일단 제해야 했던
숱한 선택지를, 그때 이후 처음으로 다시 떠올렸다.
건드려보기도 전에 버려버렸던 나의 재능을 주워 담는
시늉이라도 하고 싶었다. 그리고 나서는 같은 방식으로
버려져야 했을 모든 여성의 재능을 생각했다. 그걸 다
모으면 얼마나 커다랄지 궁금했다. 글을 마친 지금 다시 한
번 생각해본다. 공교롭게도 지금도 그때와 같은 곳에 있다.
　　　여성이 더 이상 자신에게 돌아오는 결과 때문에
스스로를 작게 여기지 않기를 바랐다. 잃어버린 임금을
찾아보라는 물음을 멀리 던지고 열심히 뒤쫓아가보았다.
펼쳐지는 풍경은 참담했다. 이만큼의 역경과 방해에도
불구하고 사라지지 않은 여성들이 있다는 사실이 마치
기적처럼 느껴진다. 심지어 어떤 것은 아직 드러나지
않았을 것이다. 그 모든 것을 겪고 각자의 자리를 지킨
모두에게 빠짐없이 경의를 표하고 싶다. 절망적인
작업이 되겠다는 예상과는 달리 놓쳐버린 순간에 치미는

억울함은 크지 않았다. 허락되지 않은 것 같은 길 앞에서
발길을 돌리던 시절이 이제야 끝났음을 느꼈기 때문이다.
글을 쓰면서 앞으로의 삶을 온전하게 기대해볼 수 있게
되었다. 나의 이 마음도 글과 함께 전해지기를 빈다.
더는 먼저 비키지 않을 우리가 길 위에서 만나게 된다면
좋겠다.

　　　　새로운 말을 꺼내는 일은 늘 두렵다. 두려움은
끝날 때까지 줄곧 커진다. 이번에도 덜컥 결심해놓고는
번복하고 싶은 마음이 굴뚝같았다. 미심쩍을 수도 있을 새
결심을 단번에 지지해준 두루, 우유, 혜윤에게 온 마음으로
애정과 감사를 전한다. 봄알람즈가 있어 또 한 번 두려움을
견디고 말을 맺을 수 있었다. 초고에 세심하고 사려 깊은
피드백을 준 솔아, 읽어보지도 않고 재미있다며 응원해준
다봄, 온오프라인을 가리지 않고 크고 작은 도움을 기꺼이
전해준 모든 분께도 고개 숙여 감사드린다. 모두의 도움이
없었더라면 불가능한 일이었다. 마지막으로 더 많은
가능성을 버릴 가능성으로부터 나를 지켜주었던 엄마에게
감사하다. 우리 모두는 진작 지금보다 더 나은 대우를
받았어야 한다. 생존이 지금보다 더 쉬운 일이어야 한다.
이 어설픈 시도가 그것을 가능케 할 더 많은 이야기를
부르는 작은 계기가 되기를 간절히 바란다.

　　　　2017년 9월
　　　　이문동 방 안

잃어버린 임금을 찾아서
ⓒ이민경

1판 1쇄 발행   2017년 10월 23일
1판 2쇄 발행   2017년 11월 20일

지은이   이민경
디자인   우유니게
편집   이두루
홍보   정혜윤

펴낸곳   봄알람
출판등록   2016년 7월 13일 2016-000203호
전자우편   we@baumealame.com
페이스북   facebook.com/baumealame
트위터   @baumealame
홈페이지   baumealame.com

ISBN   979-11-958579-5-1 03300